新潮文庫377

基度山恩仇記

大仲馬／著

齊霞飛／譯

①

②

③

④

①將軍父親身穿戎裝騎馬英姿
②母親
③揚名文壇的兒子小仲馬(1824～95)
④大仲馬出生的家

①

②

③

④

⑤

①大仲馬紀念館内銅像
②漫畫家筆下大仲馬與雨果的諷刺畫
③大仲馬被「基度山恩仇記」裡登場人物環繞之圖
④主角無辜卻被陷害關進不見天日的黑牢
⑤囚禁重刑犯的黑牢浮現在海中的景象

①大仲馬的肖像和他的信件筆跡
②大仲馬逝世的家
③〈基度山伯爵館〉素描
④大仲馬之墓
⑤〈基度山伯爵館〉豪華宅邸外貌

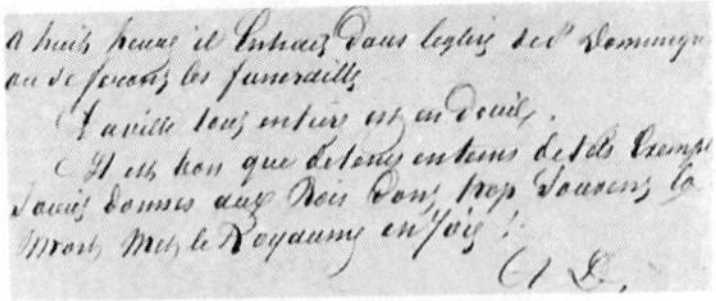
A huit heures il entrait dans l'église de St Dominique où se firent les funérailles.
La ville tout entière est en deuil.
Il est bon que de temps en temps de tels exemples soient donnés aux Rois dont trop souvent la mort met le Royaume en joie!
A. D.

①

②

③

④

⑤

目次

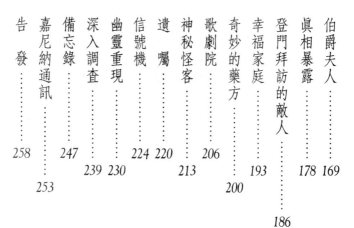

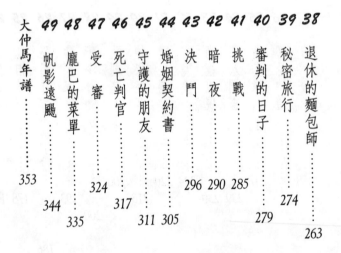

大仲馬的生平與代表作《基度山恩仇記》

人類的一切智慧只包括在四個字裏，那就是「等待」和「希望」。

——大仲馬

凡是讀過西洋小說的人，相信沒有人能忘記創作《三劍客》、《基度山恩仇記》、《黑色鬱金香》等這些情節波詭起伏，人物鮮明突出，結構一氣呵成的法國大文豪大仲馬。這位被斯湯達爾譽爲：「活過、寫過、愛過」的作家，本身就是充滿傳奇色彩、波瀾壯闊、大起大落的奇特人物。

大仲馬以旺盛過人的精力，豐富、馳騁、縱橫的想像力，通過其「小說製造公司」爲後世留下二百五十七部長、短篇小說，二十五部戲曲——單由這項空前的記錄，就能想像他一生的文學生涯是何等輝煌、絢麗！

大仲馬創作的歷史小說，具有無與倫比的迷人特質，使每一個讀者一旦展卷閱讀，就無法罷休，那種一波未平一波又起，離奇、詭譎、變化萬端，然而結構、線索的發展又像偵探、推理小說一般嚴密的技法，又是何等手筆，他使小說迷人的藝術推向前所未有的高峯，讓你不忍離開他爲你創造的那個小說世界，難怪《三劍客》、《基度山恩仇記》在西方文學世界受到無數讀者瘋狂般的喜愛，其家喻戶曉的程度，就像《三國演義》、《水滸傳》、《西遊記》之深入中國民間，我們形容其風靡的情況，幾乎到了人手一册也不爲過。以下讓我們對他的生平稍作探討介紹。

亞歷山大・大仲馬（Alexandre Dumas, 1802~1870），在他六十八年的歲月中，包括和許多女人來往、打架和決鬥、海外旅行等境遇。他非常喜歡作菜，時常揮金如土地舉行豪華晚宴，卻在空閒的時間裏，寫出了遠超過別人的大量戲曲、小說、遊記、隨筆。但是他在文學史上的地位，僅止於生涯的初期而已，他在寫過幾篇開啓浪漫派序幕的戲曲後，就離開了文壇。此外，也著作了許多適合當時急遽增加的讀書人口的大眾化小說，因此研究他的一生時，不可將其與其他作家置於同一天秤上。必須先考慮他獨特的立場，這樣的研究方向才算切合實際。

生平　亞歷山大・大仲馬於一八〇二年七月二十四日，出生在法國北部亞魯縣的小城鄉威利爾・考德萊。祖父安特瓦魯・亞歷山大・大衞，於一七六〇年變賣祖先在諾曼第的土地後，遷居到西印度羣島的聖多明哥（現在的多明尼加）。在此經營農場時，與黑人女奴隸瑪麗・

瑟瑟生下大仲馬的父親。所以大仲馬具有黑人的血統，且容貌魁偉而頭髮鬈曲。祖母在美國去世後，一七八〇年祖父就帶著十八歲的兒子返回法國。一七八五年，大仲馬的父親進入軍隊，擔任王妃瑪莉・安特華娜龍騎兵，恰巧派遣到威利爾・考德萊。一七九〇年與旅館老闆的女兒瑪麗・露伊絲・伊莉莎白・拉布勒結婚。

大仲馬的父親綽號「黑魔鬼」，是位身材魁梧、力大如牛的軍人，可惜卻沒有庇蔭的良好家世。若是在舊制度時代，他一生也許只是一個平凡的軍人，但由於正值破壞舊制度的拿破崙時代，升遷極快，一七九二年還只是少尉，到大仲馬出生的一八〇二年已經是師長了。

大仲馬四歲時父親去世，而且又因父親和拿破崙不和，所以領不到晚年的薪俸、撫卹金或退休金等，生活非常清苦。母親向親友求助，都因丈夫爲拿破崙的反對者被拒。儘管如此，大仲馬仍有健康的體魄和豐富的想像力，時常於威利爾・考德萊的樹林中奔跑。和樹林的管理員成爲好朋友，從他那裏聽到不少有關拿破崙時代的戰士故事，或從城裏的牧師那兒得知《天方夜譚》或《魯賓遜漂流記》等故事，如此愉快地度過少年時期。

青年時代　少年時代的末期，在他居住的附近建有瑞典貴族利賓格伯爵的宅邸，伯爵之子亞道夫・杜路溫也來到這裏，不久之後兩人成爲至友。這件事引發了他將一生奉獻給文學的動機。亞道夫是愛好文學的青年，常到巴黎，對巴黎的劇壇極爲熟悉。一八一九年，附近的索瓦遜鎮上演莎士比亞的《哈姆雷特》，就約大仲馬一起前去觀賞。從此大仲馬由衷地愛上戲劇，並開始萌生了立志為作家的意識。亞道夫拿但丁、亞里奧斯特、席勒、歌德等人的作品給他看。在這一段時間，兩人常一起寫劇本或喜劇，觀賞當時在巴黎廣受歡迎的托爾曼戲劇。

到巴黎

若立志以文筆為職志，無論如何都應到巴黎。一八二三年五月，大仲馬放棄在鄉下擔任公證人的職務，來到嚮往已久的巴黎。為了謀生前去拜訪父親的朋友，由於他字跡漂亮而被錄用為奧爾利安公爵（後來的國王路易・菲力浦）事務所書記。

恰巧，在他住的公寓同樓住著一位叫瑪麗・克屈麗娜・羅貝的女孩，以做手工藝維生。大仲馬認識她之後，百般追求，不久生下了一個孩子，這就是《茶花女》的作者小仲馬。這件事可說是他玩弄女人的開始。克屈麗娜・羅貝後來也沒有和大仲馬結婚，因此小仲馬是私生子。小仲馬後來寫了一篇叫《私生子》的戲曲，就是因為自己晦暗的命運有感而發的。大仲馬和女人的關係與文學一樣，極為旺盛和熱烈。包括大學教授維個拿布已婚的女兒梅拉妮。華德，及亞爾福雷德・維尼的愛人女明星瑪莉・杜瓦爾，和也是女明星的比爾・克萊史梅爾等等不勝枚舉，都有過一段纏綿的戀情。

開創作家的命運　另一方面，大仲馬也未曾忘懷劇作，一心一意的練習。在一偶然的機會裏，當他到波德・聖馬爾丹劇院看戲時獲得沙魯爾・諾廸艾的賞識。諾廸艾是浪漫派的先導之一，在家中開設沙龍，以他爲中心集合許多年輕文學家，而大仲馬也從此往來於其中。一八二五年九月《狩獵與戀愛》在安畢久劇院上演，這是他進攻劇壇的處女作。一八二六年十一月，又在波德・聖馬爾丹劇院上演《婚禮與葬禮》，從此大仲馬在巴黎劇壇一步步地建立起地位。此時法國文壇正處於浪漫主義的黎明期。從拉瑪契魯的《冥想詩集》開始的抒情詩到雨果的《奧德與巴拉德》開花。自斯湯達爾的《拉西魯與莎士比亞》或雨果的《克洛姆維爾》之序文奠立了浪漫派戲劇理論，而後在雨果的《亞爾娜妮》和維尼的《茶塔頓》集其大成。一八二七年六月，英國的演員以英語於巴黎上演莎士比亞的戲劇，這是浪漫戲劇運動出發的先聲。

大仲馬因此而受到激勵，立即揮筆著作以法國十七世紀宮廷爲背景的歷史劇《亨利三世及其宮廷》，一八二九年二月十一日於克梅廸・法蘭西喜上演。此作品獲得當時廣大的稱譽，直到現在仍被公認爲浪漫派戲劇的傑作。在這戲曲中，我們已可看出一點他後半期通俗文學的影子。其文體非常華麗，使人亢奮而熱情洋溢的曲折故事情節，描述行動多於描述心理等特色，已經顯現出來。後來迅速地發表《克麗斯汀娜》（一八三〇年）、《安東尼》（一八三一年）、《奈爾塔》（一八三二年）等作品，至此在文壇上建立了穩固的地位。一八四〇年後，和雨果同被譽爲戲劇界的雙傑。

邁向歷史小說之路　大仲馬此種令人嘆服的筆力，也促使他開始向小說的領域發展。他恣意馳騁的想像力寫小說尤勝於寫戲曲。當時七月革命甫結束，社會呈現暫時的穩定，讀書人口遽增，加上歷史知識的普及，無疑是小說熱潮的時代，尤其是歷史小說盛行的時代。

就在此時，大仲馬於一八四四年發表《三劍客》，隔年又發表《基度山恩仇記》。這些小說雖是依據歷史的史事，但並沒有將史實做忠實或客觀的描述。而是以歷史爲範疇，讓書中的主角自由地行動。艾德蒙・丹廸斯是如此，達太安也是如此。人們對於路易十三世時代的法國與英國之以宰相黎塞留、美貌狠毒的妖女米萊荻爲對象，極爲活躍的阿多斯、波爾朵斯、阿拉密斯及達太安非常喜愛。無辜而入獄的青年艾德蒙・丹廸斯以異想天開的手法報仇，正滿足了人們的正義感。這是大仲馬的才能與社會的需求一致配合的結果。

小說製造公司　一旦開始寫小說，長篇鉅著就有如長江大水般滔滔地問世。《三劍客》續篇發表了，四五年發表《二十年後》、四八年到五〇年發表《鐵面具》。另外，描寫卡特利魯・梅吉西斯與安利・納巴爾之爭的《瑪歌皇后》（一八四五年），有關瑪麗・安特華娜特的故事《紅樓騎士》（一八四五年）及以亨利三世時代爲背景的《蒙蘇勞夫人》（一八四六年）、描寫法國革命時代的《一個醫師的回憶錄：約瑟夫•巴爾沙模》（一八四六年）及其續集《四十五個貼身衞隊》（一八四八年）等作品不斷問世，一八五〇年《黑色鬱金香》發表後一直到死，總計其長短篇著作有二百五十七部、劇本二十五部。這可說是空前絕後的記錄。

爲了寫出這樣龐大數量的小說（應該說是讓人寫），他雇用很多助手。爲人熟知的有奧吉斯特•馬克、傑拉爾•納爾瓦爾等。有些惡意中傷者認爲，大仲馬就利用這些助手從外國的文學著作或歷史書中尋找構想，剽竊以後再組合成作品，根據讀者的喜好加以潤色，作者只是在最後署名而已。一位叫密戈爾的人視大仲馬爲眼中釘，到處散播惡言，罵他是「亞歷山大•仲馬小說製造公司」。大仲馬憤而與他決鬥。但是由於密戈爾卑陋地讓小孩子擋在自己的前面，使大仲馬失去鬥志而沒有成功。最後法官判決密戈爾毀謗名譽，科以徒刑和罰款。

蒙德•克利斯特莊　因生產大量的作品，大仲馬的收入不下於王公貴族，但由於揮霍成性，也經常爲金錢所苦。一八四七年建築一座名爲「歷史劇院」的大戲院，以供他的作品上演，並在凡爾賽附近的樹林中興建雄偉堂皇的宅邸，時常於此歡宴款待眾人。卻又因自己截稿時間緊迫，忙得無法參加自己舉行的宴會。

其中最豪華的就是座落在巴黎郊外聖傑爾曼山丘上宏偉的「蒙德•克利斯特莊」。費了三年的時間，於一八四八年七月二十五日才建造完成。這一天是他一生中最得意的一天。門口鐫刻有自己故鄉的威利爾•考德萊市的徽章「火蜥蜴」，屋頂上聳立著東方式的尖塔，公雞型的風向指標不停地在風中啼叫，屋內設計有中國式、波斯式、阿拉伯、文藝復興式及路易十五時代的大客廳等，四周並懸掛著荷馬到拜倫等天才文學家的肖像。房間裏芳香四溢，屋頂上的旗幟寫著拜尤特里侯爵家的名言「旗向風、魂向主」。大仲馬從世界各國搜集許多名酒和佳餚，並邀請六百名以上的名流。他在掛著金鎖鍊的背心上穿著掛滿胸章的上衣，不時有美女和名流圍繞在他四周。

●

晚年　此時，他的兒子小仲馬因發表《茶花女》（一八四八年）聲譽日隆，相反地，大仲馬卻正從一生中最美好的頂峯轉向下坡路。一八五一年路易•拿破崙政變，他逃亡到比利時，有人說是爲了逃避金錢和寫作上的債務。不過他仍舊繼續寫作，發表《沙爾尼伯爵夫人》（一八五三年）、《巴黎的模希康族》（一八五四年）、《狄芳夫人》（一八五六年）等長篇，但這幾部作品都不暢銷。

然而，他仍舊非常活躍，一八六〇年義大利統一戰爭時，他擔任隨軍記者，到拿坡里見茄利巴蒂時仍不忘他一貫的誇大態度。他花費巨資建造一艘帆船「艾瑪號」，讓他的愛人亞梅麗•克爾提亞當船長。如此光榮地在九月七日到達拿坡里。女船長也爲大仲馬生下一個女兒，大仲馬爲她起名爲「米卡雅拉」，這是他最後的一個女兒。

從拿坡里回來之後，只是零星地寫隨筆或回憶錄。此時斯湯達爾•巴爾札克已不在人世，雨果也已逃亡到英法海峽的孤島，而維尼則退隱在象牙塔裏。過去的情人如杜瓦爾、伊達•費利艾、克屈麗娜•羅貝也都離他而去了，所以他境況非常孤寂。一八七〇年大仲馬終於完成《食譜大字典》到法國南部遊玩，可是恰遇普法戰爭爆發，於是回到兒子的別墅法國北部海岸廸亞普的匹伊，聆聽著普魯士軍炮轟廸亞普港的聲音，並且在兒子的守望中謝世，此時為一八七〇年十二月五日夜晚十點。

羅馬凱撒的名言「我來了！我看到了！我勝了！」斯湯達爾則說「活過、寫過、愛過」，而我們也可同樣地說，大仲馬一生應是「寫過、愛過、爭執過」。

關於《基度山恩仇記》

一八一五年，拿破崙逃離艾爾巴島回到巴黎，恢復政權，但也僅有一百天而已，隨即在滑鐵盧戰役中再度失敗。這一年，馬賽的莫雷爾公司所屬的「埃及王號」商船上有一個名叫艾德蒙•丹廸斯的大副。航海途中，船長不幸病逝，遺言由丹廸斯繼任船長，除了事業上春風得意之外，丹廸斯不久即將跟美麗的未婚妻梅瑟蒂絲結婚。嫉妒丹廸斯高升的船上會計道格拉斯，以及暗戀梅瑟蒂絲的費爾南，就設計用左手寫了一封密告函，誣指丹廸斯是拿破崙的共犯，準備陷害丹廸斯。

這一年的二月二十八日，警察和軍隊突然闖進丹廸斯和梅瑟蒂絲熱鬧的婚宴上，將丹廸斯逮捕。丹廸斯矢口否認自己的罪行，但是很不幸，丹廸斯在不知情的狀況下，被託付拿破崙寄給馬賽代理檢察官威爾霍父親的信函，而那時候跟拿破崙有關係的人，都一個一個陸續被逮捕。負責偵查丹廸斯的威爾霍大驚失色，認爲若是釋放丹廸斯，自己將從此身敗名裂，永遠不得晉升。他明明知道丹廸斯是無辜的，也還是在暗中動了手腳，將丹廸斯送到惡魔島上去。那是位在馬賽港外的牢獄島，可以說是人世間最恐怖的地方。在不知不覺間，丹廸斯被加上了「激烈的拿破崙黨員，皇帝從艾爾巴島上回來時，曾經予以大力協助，必須嚴密監視，秘密禁閉」這樣的罪名。除非奇蹟發生，否則丹廸斯要想活著回到人世間是絕對不可能的。

就在丹廸斯在獄中過著絕望而又淒涼的日子時，那些陷害他的人，卻一個一個都發跡高升。道格拉斯在西班牙戰爭中成爲千萬富翁，買了男爵的地位，變成巴黎第一流的銀行家。而費爾南不但奪走了丹廸斯的未婚妻梅瑟蒂絲，並且也同樣在西班牙戰爭中出賣恩人，攫取龐大的財富，成爲伯爵，名字也改成莫塞爾，成爲政界的大人物。另外威爾霍也高升至檢察總長的地位，握有巨大的權利，作威作福。相對的，丹廸斯卻是個三十四號囚犯，連正確的年月日也不知道，在有如地獄般的監牢中，過著暗無天日的生活。但是神並沒有放棄丹廸斯，在地牢中，丹廸斯認識了挖通牆壁，來到他的囚房的二十七號囚犯法里亞神父。神父原本是義大利的大學者，被誤認爲瘋子，從一八一一年起就被禁閉在牢裡。在神父的推理下，丹廸斯才知道自己的入獄都是別人設下的圈套。隨後兩人進行越獄的準備，同時神父還將自己所有的學問都教給了丹廸斯。十四年的地牢生活後，在越獄計畫即將實現時，神父卻不幸猝死。在那之前，神父已經將埋藏在基度山島上的「斯帕達寶藏」的所在地告訴了丹廸斯。

法里亞神父死後，丹廸斯忽然獲得靈感，代替屍體鑽進厤袋裡。獄卒並不知道袋子裡的是丹廸斯，在袋子上加了三十六公斤的沉錘，從懸崖上扔進波濤洶湧的大海裡。就在千鈞一髮之際，丹廸斯用小刀割破袋子，游到海面上，正好被經過的走私船搭救。一問之下，才知道已經是一八二九年的二月二十八日，在同一天獲得自由，實在太巧合了，但是人世間已經今非昔比，這十四年的歲月未免太過於苦澀漫長了。

隨後丹廸斯首先化裝成義大利的神父，回到自己村裡去，從客棧老闆口中，得知那些仇敵都已發跡，享盡榮華富貴，而自己的父親卻在他被陷害後餓死。這時候，丹廸斯全身的血液被憎恨激發得沸騰了起來，下定決心，無論如何也非報仇不可。接著他小心謹愼地到了基度山島上去，順利找到「斯帕達寶藏」，搖身一變，成爲億萬富翁，回到了法國。這時候，丹廸斯得知從前非常照顧他的莫雷爾公司瀕臨破產邊緣，恩怨分明的丹廸斯，立刻化裝成英國人，拯救了莫雷爾公司。隨後丹廸斯就一步一步地進行復仇計畫。

不久，丹廸斯以讓他獲得鉅富的基度山島爲名，自稱基度山伯爵，出現在巴黎的社交界，立刻備受歡迎，不過那也只是表面上的而已，另外丹廸斯還化裝為布索尼神父、威爾莫勳爵、辛巴達水手等各種身分，神出鬼沒，以鉅大的財富、綿密的計畫、堅強的意志，不斷地向三個仇人逼近。十四年的牢獄生活，已使丹廸斯的容貌改變，誰也看不出他就是從前的丹廸斯，只有梅瑟蒂絲一個人察覺出來。

基度山伯爵設計出讓莫塞爾伯爵在西班牙的出賣行為暴露出來的契機，在貴族院的盤查下，莫塞爾過去的罪行被徹底揭發，莫塞爾（過去的費爾南）只有舉槍自盡。而威爾霍家則因為繼承檢察總長父親財產的問題，糾紛頻傳，由於基度山伯爵的「無心」之言，威爾霍夫人決意將全家人毒殺，奪取財產，陸續有人喪命。得知妻子的罪行後，威爾霍命令妻子自殺，但自己卻在基度山伯爵的設計下，從前自己為了處理私生子而將嬰兒活埋的令人髮指行為，整個被揭發了出來，因而發瘋。最後基度山伯爵再收買通信塔的通信員，送出假信號，使得道格拉斯的投機徹底失敗，破產後的道格拉斯，逃到義大利去時已經成為廢人。就這樣，基度山伯爵的復仇計畫完全成功了。但他並非只是個無血無淚的復仇者而已，他那人性化的一面，從梅瑟蒂絲的眼淚，以及恩人莫雷爾一家溫暖的生活光景也可以看出來。最後他祝福莫雷爾的兒子跟威爾霍的女兒婚姻美滿幸福，將鉅額的財富留給他們，對他們說「要懷著希望等待」，隨後在海的遠方消失了。

像這樣波瀾萬丈，結構細密雄大的長篇大眾小說，放眼全世界，再也找不到第二部了。

主人公艾德蒙·丹廸斯開始時是善良、純樸的水手，隨後在絕望的地牢生活中，接受法里亞神父的指導，終於燃起了一線希望，然後越獄成功。在沒有絲毫差錯的理智，以及冰冷的表情下，暗藏鐵一般的意志，因而俐落、漂亮地完成了復仇。

跟大仲馬別的許多作品一樣，一般認爲《基度山恩仇記》也有執筆的協力者，那就是馬凱和費奧倫廸諾兩人。這篇以正確的理智、堅定的意志、雄厚的財力爲背景進行的復仇故事，具有非常壯大的構圖。而舞台除了法國之外，更遠及義大利、地中海的群島到遙遠的東方。另外，栩栩如生地描繪出當時受到陰謀權術襲捲的社交界的表裡，以及複雜緊湊的情節變換，再加上將全部的生命投入復仇的主人公的熱情，在在都顯示出浪漫主義小說的極致。並且作者盡情縱橫其想像力，以周密的設計，徹底發揮了自己的天賦——讓讀者共鳴的能力，把大眾小說的樂趣，百分之百地灌注在作品裡。據說大仲馬年輕時很喜歡閱讀《天方夜譚》和《俠盜羅賓漢》，《基度山恩仇記》中，顯然可以看出那兩部作品的影子。另外，莎士比亞對大仲馬所產生的重大影響，在這部作品的壯大構圖上也顯現了出來。也有人指出威爾霍夫人像極了馬克白夫人。並且最近幾年，已經出現要對被視爲是大眾小說家的大仲馬的作品重新予以肯定和評價的跡象。

綜觀大仲馬多采多姿的一生，無論從他傳奇性的個人生涯或留下的產量驚人的著作來看，他不愧是一代文豪，如果以嚴肅的純文學眼光衡量，他的地位與創作《宮本武藏》的日本作家吉川英治十分酷似，他們的小說達到通俗文學的高峰，因此如果以故事情節的緊湊，人物刻畫的鮮明生動或擁有讀者的多寡來判定，恐怕很少作家能與他們相匹敵，當代以武俠小說雄霸文壇的金庸也是一個明顯的佐證。

不管經過多少歲月，像《基度山恩仇記》這般結構宏偉，故事情節懸宕起伏的長篇小說，永遠不會失去它的讀者群，而且其趣味性和吸引力也不可能產生代溝的現象，試想誰能比書中的主人公艾德蒙・丹廸斯經歷更饒富傳奇、更坎坷、更多變的人生際遇，他所走過的生涯又與波詭雲譎的歷史背景緊密相扣，所以閱讀這部長篇小說，對讀者來說也是奇妙的體驗，只要翻開第一頁，讀者便跟著主人公渡涉的腳踪，恩、怨、情、仇、生、死、危疑的計畫一起呼吸，如癡如狂，直到終章，如果說要在全世界找出最好看的五部小說，大仲馬的《基度山恩仇記》一定會在票選的金榜之內吧！

新潮文庫編輯室

一九九六年六月二十日

主要登場人物

艾德蒙・丹迪斯（基度山伯爵）　本書主角，法國馬賽莫雷爾公司所屬商船「埃及王號」大副，受到朋友陷害，於婚禮當天被捕，在暗無天日的惡魔島黑牢中，度過漫長的十四年。獄中獲得法里亞神父指導，習得高深學問，並且得知寶物秘藏處，脫獄後，覓得億萬財富，化名基度山伯爵，向仇家一一復仇，但也向恩人一一報恩。

梅瑟蒂絲　丹迪斯的情人，卡塔洛尼亞村的美麗姑娘，丹迪斯入獄後，梅瑟蒂絲不知道眞相，竟和陷害丹迪斯的費爾南結婚，最後唾棄費爾南的爲人，攜子離家出走。

莫雷爾　莫雷爾公司負責人，「埃及王號」船東，深得船員們敬愛。丹迪斯被捕後，除了四處奔波，努力設法解救丹迪斯之外，還盡心照顧丹迪斯年老的父親。

法里亞神父　被幽禁在惡魔島黑牢裡的義大利學者，與丹迪斯牢房相鄰，指導丹迪斯學習世界各國語文，並且挖通地道，計畫越獄，可惜最後病死獄中。

威爾霍　助理檢察官。丹迪斯在婚禮當天受朋友陷害被捕時，即由威爾霍審訊。威爾霍爲了自己的前途，不惜將丹迪斯打成終身監禁的政治犯，送進惡魔島黑牢。

卡德盧斯　裁縫師，陷害丹迪斯的人之一，後來開設旅館，接受丹迪斯所化身的布索尼神父餽贈的鑽石，與老婆聯手殺害寶石商人，入獄又逃脫，潛進基度山伯爵的宅邸行竊，被同夥刺死。

道格拉斯　「埃及王號」會計，嫉妒丹迪斯即將升爲船長，捏造口實密告丹迪斯，害丹迪斯被捕入獄。後來成爲銀行家，並且晉升爲男爵，但是在基度山伯爵的報復下，家財蕩盡，身無分文。

費爾南　卡塔洛尼亞村的漁夫兒子，懷恨丹迪斯奪走自己暗戀的梅瑟蒂絲，將道格拉斯所寫的密告信函寄出，心地陰險，最善於出賣他人，最後發跡，成爲伯爵，名字也改爲莫塞爾。在基度山伯爵的復仇計畫下，舉槍自盡。

1 船進馬賽港

一八一五年二月二十四日，三桅帆船埃及王號緩緩駛進了法國馬賽港。船緊貼著港口外的惡魔島斷崖前進，彷彿拖著一道黑影似的，使得在碼頭上看熱鬧的人群，都不由得感到不寒而慄。惡魔島上有一座有如用銅牆鐵壁築成的恐怖牢獄，永無自由之日的政治犯全都關在那裡。

一艘小艇從港口像箭一般駛了出去。埃及王號甲板上站著一個二十歲左右的高大青年，神情穩重，體格矯健結實，宛如在無數的危險中鍛鍊過似的。

「丹迪斯！你回來了，」小艇上的男人大聲吼道，「怎麼了，發生什麼事了嗎？」

「老闆，出了事故，船長盧克勒爾在航海途中死了。」

「什麼？船長死了，是失足掉到海裡的嗎？」

「是病死的，船長得了腦膜炎。不過，請放心，你的貨物一切平安。」

「謝謝你，辛苦你了。」

丹迪斯請船老闆莫雷爾先生上到埃及王號去。這時候，在船上擔任會計的道格拉斯走了過來。這個陰沉的年輕人，心地很壞，處處都想陷害人。

「莫雷爾先生，你好！我想丹迪斯已經告訴你了，船長不幸過世。這艘船失去了首腦，以後該怎麼辦，眞叫人擔心……。」

莫雷爾看著在那邊指揮船員的丹迪斯，回答道：

「不必擔心，你看，大副丹迪斯已經可以撐住大局了。」

「不過……」道格拉斯眼睛裡燃燒著妒火，瞟了丹迪斯一眼後說，「莫雷爾先生，他太年輕了。船長一死，他就以爲自己是船長，隨時都想指使人。而且沒有跟大家商量，自做主張就把船開到艾爾巴島去，在那裡停泊了一天半，讓你遭受損失。」

「什麼？在艾爾巴島浪費了一天半？這可不行。喂！丹迪斯，你到這裡來一下。」

船老闆大聲喊道。這時候，錨放了下來，工作已經告一段落。丹迪斯飛快跑了過來。莫雷爾問道：

「我問你，你爲什麼把船開到艾爾巴島去？」

「那是爲了完成船長最後的命令。船長臨終的時候，交給我一包東西，要我送到拿破崙陛下手中。」

「你見到陛下了？」

「是的。」

莫雷爾看了看四周，然後低聲問丹迪斯：

「陛下身體好嗎？」

「很好。陛下還跟我說了話，問我一些關於船的事情。我說我只是個大副而已，船是莫雷爾父子公司的。陛下說他知道莫雷爾父子船公司，還說莫雷爾一家好幾代都是船主，其中有一個人在巴蘭斯軍營時代，跟他在同一連隊待過。」

「一點也不錯，」莫雷爾很感動的說，「那是我伯父波里卡爾。丹迪斯，你要是見到我伯父，就說陛下還記得他，他一定會高興得流下眼淚來的。但是，你去過艾爾巴島絕對要嚴守秘密，要是讓別人知道了，連你也會招來殺身之禍的。」

這時候，檢疫官和海關官員划著小艇靠了過來，丹迪斯立即向他們跑過去。道格拉斯又來到船老闆面前說：

「老闆，他是怎麼向你解釋的？一定是扯了許多無稽的謊言吧？」

「怎麼會呢？他眞是個了不起的青年。」

「送到艾爾巴島去的那包東西——」

「連你也知道了？不過，我並不是說這個。」

船老闆雖然顯出不悅的神情，但還是含混其辭，故意裝糊塗。這時候，丹迪斯又走回來了。

「貨單已經交給海關官員，我想到陸上去，不知道可不可以？」

「當然可以。不過，到我家裡去吃個便飯怎麼樣？」

「謝謝！可是，我想早一點讓我父親知道我已經回來了，而且，我還想去看一個人……」

「我想起來了，除了你父親之外，在卡塔洛尼亞村，還有一個美麗的姑娘——梅瑟蒂絲在等你。結婚若是缺錢，請不要客氣，儘管告訴我好了。」

「謝謝，在船上的工資我都存了下來，已經夠了。我想向老闆請兩個星期假，不知道你是否答應？」

「當然沒問題，你好好休息吧！船上的貨物要卸下來，得整整花上六個星期，船再出航也是三個月以後的事情了。」船老闆拍著丹迪斯的肩膀說道：「沒有你這位船長，船是無法出航的。」

「船長？」丹迪斯的眼睛亮了起來。

「是啊！再也找不到比你更好的船長了，當然，這並不是我一個人就能決定的。」

丹迪斯興奮得臉都紅了起來，緊緊握住莫雷爾的手。

2 滿含妒意的情敵

丹迪斯穿過大街，來到梅蘭路左邊一幢房子前，隨後立即跑上陰暗的樓梯，到了五樓，抱住一個正在修剪纏繞在窗框上的薔薇藤蔓的老人，叫了一聲「爸爸！」老人回頭一看，原來是兒子，立刻全身癱軟，倒在丹迪斯懷裡。

「爸爸，你哪裡不舒服嗎？」

「不，我很好，只是你回來得太突然了，讓我嚇了一跳。」

「爸爸，我告訴你一個消息，這次你可不要吃驚。那個和藹的盧克勒爾船長在航海途中，不幸染病死了。剛才，船老闆莫雷爾先生說要讓我繼任船長。爸爸，你想想看，十九歲的船長呢！工資是一百路易，而且還能分配貨物的紅利。」

「啊！我們是多麼幸運呀……」

父子倆高興得緊緊擁抱在一起。

這時候，住在隔壁的卡德盧斯很沒有禮貌的闖了進來。這個裁縫師年約二十五、六歲，留著絡腮鬍子，心地陰險，一臉兇相。他一進來就說在街上碰到了道格拉斯，所以知道丹迪斯回來了，想來聽聽一些有趣的海上傳聞。用親切來掩飾他的不懷好意，讓人感到厭惡。

「聽說你拒絕了船老闆的好意邀請，這可是不太好。既然你在覬覦船長的寶座，爲什麼不逢迎巴結一下船老闆呢？眞不知道你在想什麼！」

「謝謝你的忠告。」

丹迪斯雖然一肚子怒火，但還是忍了下來。

「不過，我想你現在也是吃不下船老闆的美酒佳餚的，因爲在卡塔洛尼亞那邊，有一個美人已經迫不及待想見到你了。」

「梅瑟蒂絲嗎？」老人問道。

「爸爸，我想現在就到卡塔洛尼亞去一下。」

「去吧！去看未來的妻子是再好不過的了。」

「妻子？」卡德盧斯譏刺的說，「能不能成爲妻子，那還很難說。梅瑟蒂絲雖是個美人，但卻水性楊花，處處留情，我想你不會那麼順利就娶到她的。」

丹迪斯非常氣憤，就把父親和卡德盧斯留在家裡，自己出門去了。卡德盧斯看到丹迪斯出去，也立刻離開，急忙趕到正在等他的道格拉斯那裡去。

「丹迪斯那小子，驕傲得就像他已經當上了船長似的，眞叫人看不順眼。」

「哼！」道格拉斯從鼻子裡笑了一聲，「可沒那麼簡單，有我在，他就別想遂心如願，我一定會讓他兩頭落空的。對了，關於那個姑娘，那小子有沒有說什麼？」

「當然說了，那小子說話的口氣就像已經弄到她做妻子了似的，我氣不過，就潑了他幾盆冷水。我說在那個村子裡，有個年輕人迷戀那姑娘已經到了癡狂的地步，那個臉色紅潤、黑眼睛、褐髮的壯碩青年，據說是那個姑娘的表哥，但是不是眞的表哥，那就不得而知了。聽我這麼一說，丹迪斯那小子立刻變了臉色，馬上衝到卡塔洛尼亞去了。」

「太妙了。看起來你也似乎不喜歡丹迪斯，我簡直恨透了那個目中無人的壞小子。現在我們也到那個村子去，欣賞——不！設計讓丹迪斯和那個表哥決鬥。」

在這個世界裡，就有這樣的惡棍，一心只想把人推到不幸裡去，看到別人陷入不幸，他們反而在旁邊鼓掌叫好。這兩個人就這樣幸災樂禍的向卡塔洛尼亞走去。

卡塔洛尼亞村有一幢像極了西班牙旅館的房子，外面漆成黃褐色，裡面粉刷雪白。有著一頭飄逸黑髮的美麗姑娘，倚在門口，纖細的手指在把玩一朵石南花。離她稍遠的地方，一個高大的青年坐在椅子上，正用灼熱的眼光望著她。

「梅瑟蒂絲，妳說我們之間只有兄妹之情，眞叫我傷心。妳也應該知道，自古以來，我們卡塔洛尼亞就是禁止跟外人通婚的。」

「費爾南，你不要這樣說，如果我非遵從這個老規矩不可的話，那麼，我寧可離開這裡。請你明白，我只能選擇一個丈夫。我們永遠都是好朋友的。」

費爾南無計可施。

「梅瑟蒂絲，妳再說一遍，妳眞的愛那個水手嗎？」

「是的，我愛他。」梅瑟蒂絲很乾脆的回答道，「除了丹迪斯之外，我不會嫁給任何人的。」

「不管發生什麼事情，妳也不會改變心意嗎？」

「是的，只要我活著，我就不會改變心意。」

費爾南嘆了一口氣，彷彿在呻吟似的，但是他咬緊牙關，追問道：

「萬一，他死了呢？」

「我也跟著他死。」

「如果他──」

費爾南話還沒有說完，外面有人在叫梅瑟蒂絲的名字，那姑娘立刻跳了起來，往大門飛奔過去，口裡喊道：「我在這裡，丹迪斯！」隨即把門打開。

費爾南全身哆嗦，快步往後退，不小心撞到了椅子，就那樣跌坐在椅子上。

丹迪斯和梅瑟蒂絲擁抱在一起。馬賽的亮麗陽光從門口射了進來，用光圈把他們兩人籠罩起來。這對情人沉醉在幸福裡，已經不需要用任何言語來表達了。等丹迪斯的眼睛習慣了室內的亮光之後，這才發現坐在那裡的費爾南。

「對不起，這位是──」他問梅瑟蒂絲。

「我的表哥費爾南。」

丹迪斯連忙親切的向費爾南伸出手來，但是對方並沒有表達出好意，反而扭住他的手，瞪視著他，眼光中充滿了明顯的敵意。

「梅瑟蒂絲，沒想到我急忙趕來，會在這裡碰到敵人。」

「敵人？你誤會了，如果眞有敵人，我一定跟你到馬賽去，絕對不再踏進這個家一步。」

費爾南聽到這裡，再也坐不住了，口裡不知喃喃說些什麼，用手抓著頭髮，頭也不回的走了出去。

3 精心設計的陰謀

費爾南臉色蒼白，神情萎靡，從村子那邊的勒塞布酒館前走過去。他做夢也沒有想到兩個惡棍早已經在那裡等著他了。

「喂！老兄，怎麼了？如果你是要去投海自盡的話，請你留步。」

費爾南聽到有人在叫他，回頭一看，只見卡德盧斯和道格拉斯兩人臉上堆滿陰險的笑容看著他。

「費爾南，振作點！我跟這位道格拉斯先生，從剛才就一直在爲你擔心不已。你這個儀表堂堂的卡塔洛尼亞美男子，竟然讓一個窮水手把自己心愛的姑娘給搶走，簡直太丟臉了。丹迪斯一回來，受害的不只費爾南一個人而已，對吧？道格拉斯。」

「一點也不錯，我眞想殺了他。」

他們都已經喝醉了，但是卻拉住費爾南不放，拚命的勸酒。

這時候，丹迪斯和梅瑟蒂絲很親密的相依相偎，從街道那邊慢慢走過來。三個惡棍擠眉弄眼，等那對陶醉在幸福裡的情人到來。

「喂！丹迪斯，」卡德盧斯敲著簡陋的桌子叫道，「你沒有看到你的朋友在這裡嗎？或者是你已經偉大得不把我們放在眼裡了？」

丹迪斯嚇了一跳，趕緊停下腳步。

「對不起，我沒有看到你們在那裡。」

「哼！在你身邊的，是你未來的妻子梅瑟蒂絲吧？什麼時候舉行婚禮呀！丹迪斯？」

爲人正直的丹迪斯，聽不出對方在嘲弄他，很誠實的回答道：

「我想儘快舉行，不是明天就是後天。我們就在這家酒館辦喜宴，道格拉斯、卡德盧斯，請你們一定要參加。」

「現在坐在這裡的費爾南呢？」

「當然會邀請的，因爲他是我未來的妻子的表哥呀！」

「明天、後天就要舉行，可眞急啊！」

「我們必須快一點，因爲婚禮過後就要馬上趕到巴黎去，盧克勒爾最後交代的重要工作得儘早完成才行。」

「你可要小心，我知道你去巴黎是要把拿破崙皇帝的信交給某一個人的，那麼，再見了。」

丹迪斯不知道他們在搞什麼鬼，以爲卡德盧斯說的是眞心話，揮一揮手就走了。

等那對情人走得看不見身影之後，道格拉斯就對咬牙切齒的費爾南說：

「看來，丹迪斯的婚禮對我們三人來說，都是令人感到不愉快的。費爾南，你的梅瑟蒂絲被那小子搶走，你當然也不會覺得高興吧？」

「我巴不得一劍刺死那小子，可是梅瑟蒂絲說，如果未婚夫不在人間了，她自己也不會活下去的。」

「爲什麼要訴諸武力，殺掉丹迪斯呢？難道沒有別的方法嗎？比如把他送進監獄裡去，那跟殺死他是差不多的。」

卡德盧斯反對道格拉斯的做法。

「把他送進監獄，刑期滿了還是會再出來的，那時候他的復仇就叫你吃不了兜著走。再說，你要怎麼陷他於罪呢？他又不偷不搶，更沒有殺人。」

道格拉斯陰險的冷笑了一聲，叫店裡的服務生拿來紙和筆，然後說道：

「那太簡單了，我們只要向檢察官檢舉丹迪斯在這次航海途中，曾經在艾爾巴島停泊過，證明他是拿破崙黨就行了。」

「這是眞的嗎？讓我來檢舉他吧！」

費爾南興奮的說。

「不過，這樣一來，你就得在檢舉書上簽名，而且要跟被告人當面對質。對方即使關入監牢，也是總有一天會釋放出來的，到時候他懷恨在心，不知道會怎樣報復你呢！」

「不要緊，我巴不得他這樣做。那小子要是敢挑釁，我也絕對不會退縮。」

「你的勇氣可嘉，不過，還有更好的方法。我們用密告信函，不簽上自己的名字，向檢察官檢舉。他當然不會知道是誰幹的，我們也就可以平安無事。」

說著，道格拉斯特地用左手拿起筆來，用很奇妙的字體寫了一封信，費爾南低聲讀了起來——

檢察官閣下：我眞誠效忠王室，爲了王室，我要檢舉今天早晨從拿坡里返航的埃及王號大副艾德蒙·丹迪斯。他在途中曾經停泊艾爾巴島，受拿破崙之託，要交給巴黎的拿破崙黨本部一封密函。這個人的罪證，以及那封密函，只要搜查他父親的住處，或是埃及王號他的船室，一定可以立即尋出。

「確實不錯，這樣他的罪名就完全成立了，可是我不贊成這樣做，這未免太卑鄙無恥了。」

卡德盧斯故意在一旁冷嘲熱諷。

「是的，這樣做太卑鄙了。因爲費爾南顯得這樣沮喪，我只是想安慰他而已。無論如何，陷害好朋友丹迪斯確實是太過分了。」

道格拉斯說著，把左手寫出來的信揉成一團，扔到庭院裡的角落去。

「這樣就可以放心了。那麼，我們該走了。」

卡德盧斯站了起來，問費爾南說：

「費爾南，你不一起去馬賽嗎？」

費爾南搖搖頭。卡德盧斯和道格拉斯冷冷的看了他一眼，就向街上走去。大約走了二十步遠，他們悄悄的回頭一望，看到費爾南正從庭院的角落裡，拾起那團揉成縐巴巴的紙，放進自己的口袋裡。

「哈哈哈……卡德盧斯，一切順利。戲就要依照我們所寫的劇本上演了。」

道格拉斯扭曲著嘴笑了起來。

第二天，丹迪斯在勒塞布酒館的結婚宴席上顯得喜氣洋洋。船老闆莫雷爾一出現，先到的客人就鼓起一陣熱烈的掌聲歡迎他。四個打扮得花枝招展的卡塔洛尼亞姑娘，跟在新娘後面，而讓新娘挽住手臂的，當然是新郎丹迪斯。新郎的父親，以及佯裝不知的道格拉斯和卡德盧斯，連費爾南也都出席了。

新郎新娘都陶醉在幸福裡，根本想不到別人在他們身上所設下的陰謀。三十多名客人互相用葡萄酒乾杯。

船老闆的賀辭說完後，隨即由丹迪斯向來賓問候。

「我要向各位報告一個好消息，我們的婚禮進行得非常順利，一個半鐘頭後，梅瑟蒂絲就不再是我的未婚妻，而是我的妻子了。這是因爲有莫雷爾先生的大力幫忙，繁雜的手續已經完全辦妥，兩點半的時候，馬賽市長會在市政府等我們。所以再過一個半鐘頭，梅瑟蒂絲就是丹迪斯的妻子了。」

客人聽了，都發出了歡呼聲，只有費爾南臉色蒼白，因爲身體靠在桌子上，所以才沒有倒下去。

宴會的氣氛愈來愈熱鬧，卡德盧斯和道格拉斯喝得滿臉通紅，一直在注意費爾南的舉動。隨著時間的流逝，費爾南更加顯得坐立不安起來，不停的看著窗戶。

那個時刻終於來臨了，一陣激烈的敲門聲響過後，突然衝進來一個警官和帶領四名士兵的班長。人群中隨即起了一陣騷動。

「怎麼了？你們是不是走錯地方了？」

船老闆問熟識的警官。

「有沒有走錯，很快就會知道。很遺憾的是，我們有檢察官簽發的逮捕狀，必須執行公務。哪一個是艾德蒙·丹迪斯？」

所有的賓客都鴉雀無聲，望著丹迪斯。丹迪斯顯得非常冷靜，走了出來。

「我就是。能不能告訴我逮捕的理由？」

丹迪斯在婚宴上被逮捕。

「我們只是執行命令，不知道理由。」

丹迪斯知道面對冰冷無情的法律，再問下去也是沒有用的，他從容不迫的和朋友們一一握手。

「請放心，我並沒有犯罪，一定馬上就可以回來的。」

他跟在警官後面，被士兵們簇擁著走下石階，登上等在那裡的馬車。

「丹迪斯，請快一點回來。」

梅瑟蒂絲流著淚說道。

「不會有問題的，我馬上就回來。」

馬車並沒有等丹迪斯把話說完，立即迅速轉過聖•尼古拉要塞的石牆，很快就消失了踪影。所有的人臉上都失去了祝福和歡樂的神采，懷著忐忑不安的心情，陸陸續續回家。道格拉斯在人群中，悄悄湊近卡德盧斯的耳朵邊說：

「費爾南那個乳臭未乾的小子，心也眞夠狠的了。」

「不過，是誰讓他狠下心來的呢？」

卡德盧斯眨著眼睛，譏刺的說道。

4

決定命運的一刻

法院的休息室裡，憲兵和警官戒備森嚴，被逮捕的人動也不動的站在那裡。代理檢察官威爾霍從門口進來，瞟了丹迪斯一眼。一個警官把一疊文件交給威爾霍。

「把那個人帶來。」

說著，威爾霍走到裡面去，在審問室的桌子前坐下來。不久，丹迪斯就被帶來，站在代理檢察官面前。

「你叫什麼名字？從事什麼工作？」

威爾霍翻著文件，問道：

「我叫艾德蒙·丹迪斯。」丹迪斯雖然臉色有些蒼白，但依然毫不畏懼的回答道，「是莫雷爾船公司埃及王號的大副。」

「今年幾歲？」

「滿十九歲。」

「你是在哪裡被逮捕的？」

「在我的結婚宴席上。」

代理檢察官聽到宴席兩個字，忍不住吃了一驚。因爲他也是剛剛從熱鬧的訂婚宴席上溜出來的。當然，同樣是宴席，却和當船員的丹迪斯的大不相同，賓客都是馬賽的上流階級。這個年輕有爲的司法官，獲得了法國名門貴族大小姐的芳心，前途無量，備受祝福。

他的父親諾華第耶伯爵在法國大革命後，曾經將不少王黨派送上斷頭台，後來站到拿破崙那邊，成爲巴黎的拿破崙黨領袖。做爲兒子的他，行事謹愼小心，惟恐自己的身分暴露，連名字也改成威爾霍。

「我利用這次遠航歸來的機會，」丹迪斯繼續說，「要跟相戀三年的女友結婚。」

代理檢察官聽了，覺得這個青年正直而誠懇，內心不禁產生無限的同情，不過他並沒有在臉上表現出來。

「你有沒有什麼敵人呢？」

「我既沒有地位，又沒有權勢，怎麼會有敵人呢？」

「即使沒有敵人，也應該會有人嫉妒你的。你才十九歲就要升爲船長，而且又要娶一個美麗的妻子，像你這樣事業、家庭都得意的人，沒有人嫉妒才怪呢！」

「也許你說得不錯，可是，我想不起有誰會嫉妒我。」

「我們先不談這個，我給你看這封密告信函，雖然原則上這是不允許的。你看得出這是誰的筆跡嗎？」

威爾霍從口袋裡掏出那封信，丹迪斯仔細看過後說：

「從來沒有見過這樣的筆跡，或許是特意改變了也說不定。」

「現在，我要你老實回答，信上所寫的是否眞有其事？」

「請聽我說，船從拿坡里出航後，船長就染患了腦膜炎，病倒在床。第三天的傍晚，船長認爲自己已經不行了，就把我叫到床邊，指示我把船開到艾爾巴島，去見陛下，交給陛下一封信，陛下也一定會要我送信給什麼人的。船長命令我無論如何也要達成任務。說完，船長就昏迷不醒，兩個鐘頭後就死了。」

「那你怎麼做呢？」

「對一個水手來說，船長的命令是絕對不可以違抗的。我就遵照船長的指示，把船開到艾爾巴島去，把信交給陛下，陛下也給我一封信，要我送到巴黎。返航回馬賽後，我立刻把工作處理完畢，舉行結婚宴會，打算在一個半鐘頭後完成婚禮。」

「原來如此，看來你並沒有說謊。如果你有罪，也只是出於一時大意，到艾爾巴島去了一趟而已，何況那也是服從船長的命令，算不了什麼罪。你把受委託的信給我，就可以回去，等下次有人傳喚你時再來就行了。」

「這麼說，我已經自由了？」丹迪斯高興得跳了起來，「信應該在你手邊的那疊公文裡。」

「是這個吧？」代理檢察官翻開公文，找出那封信來。

「什麼？巴黎柯克•耶隆街，諾華第耶先生……」

威爾霍拿著信的手突然哆嗦了起來，因爲收信人正是自己的父親。他讀著信，臉色變得比紙還要蒼白。隨後，穩重的表情從他臉上消失了。他冷冷的說：

「這封信你沒有給別人看過吧？」

「是的，誰也沒有看過。」

「我要把你一直拘留到傍晚，大概還會有人來審問你，不過，我認爲你最好不要提起這封信，不然，你會有罪的。」

「好的，我絕對不說出來。」

於是，威爾霍把信扔進壁爐裡，看著信燒成灰燼，嘴裡喃喃說道：「這樣一切就都解決了。」接著他按了一旁的喚人鈴，警官走了進來，代理檢察官在警官耳邊不知說了什麼，隨後命令丹迪斯說：

「你跟他去！」

丹迪斯行禮致意，服從代理檢察官的指示，他以爲這就可以平安回到梅瑟蒂絲身邊去了。

門一關上，那個狡猾的代理檢察官彷彿虛脫了似的，跌坐在椅子上，一個人自言自語的說：

年輕的檢察官威爾霍在丹迪斯面前，把會妨礙自己發跡的證據——信，扔進壁爐裡燒掉。

「好險！如果檢察官沒有出去，我就會被那封信推進毀滅的深淵裡。不管怎麼說，父親永遠都在阻擾我的幸福，我非跟他繼續戰鬥下去不可。」

5 惡魔島

法院的走廊通向黑暗的牢獄。

丹迪斯被關進單人牢房，門上豎著粗大的鐵條，扣上巨大的鎖，可是丹迪斯並不怎麼感到害怕，因爲代理檢察官的態度讓他心裡充滿了希望。

到了夜裡十點鐘左右，牢房的門突然打開了，四個舉槍的憲兵持著兩支火把走了進來，隨後把丹迪斯帶到建築物的小門邊。已經有一輛馬車等在那裡，憲兵用槍抵住丹迪斯的背把他押進馬車裡，接著憲兵在他左右兩邊坐下。馬車發出令人心驚膽顫的聲響，跑了起來。丹迪斯問道：

「要送我出去嗎？」

「大概是吧！」憲兵冷冷的回答道。

馬車穿過黑暗的街道，往碼頭奔去，隨後丹迪斯被押進了一艘小艇，轉眼之間，小艇就駛出了港口。丹迪斯在海風的吹拂下，心中充滿了自由的喜悅。小艇往卡塔洛尼亞岬角駛去，勒塞布酒館就在那裡，丹迪斯想起心愛的梅瑟蒂絲正在等他，忍不住激動得想高聲呼喚起來。

但是，小艇的速度却愈來愈快，往海上航行而去。

「你們到底要把我帶到哪裡去呢？」

丹迪斯再也忍耐不住了，問道。

「這我們不能說。」憲兵回答道，停了一下，又補充說，「你是習慣海上生活的水手，仔細看一看周圍，應該就會明白的。」

丹迪斯咬緊嘴唇，睜大眼睛，他看到兩百公尺前方有一道烏黑而陡峭的巨岩斷崖，斷崖上聳立著那陰森森的惡魔島城堡。三百年來，這座令人聞之變色喪膽的城堡，正散發出懾人的陰影，一步一步向丹迪斯眼前逼近。

「啊！惡魔島……我們去那裡做什麼？這是關重大政治犯的地方呀！」

丹迪斯緊緊抓住憲兵問道。

「不要激動，我們只是遵照上級的命令行動而已。」

「沒有調查，也沒有辦一切手續，這未免太突然了。威爾霍先生知道我到這裡來嗎？」

「知道又能怎樣呢？我們的任務就是把你送到島上去。」

丹迪斯感到絕望，起身就要往海裡跳下去。但是，那些憲兵早已經料到他會這樣做，一拳就把他打倒在船底，一個憲兵用膝蓋頂住他的胸膛，槍抵著他的額頭，恐嚇他說：「你敢再動一下，我就叫你腦袋開花！」

丹迪斯閉上眼睛，他知道要是在這裡被殺，一切都將付諸流水。過了一會兒，小艇好像撞到了什麼，搖晃了起來，原來已經來到島上了。

憲兵站起來，硬把丹迪斯拖到岸上去。隨後登上石階，穿過一扇門，來到四面都是高牆的中庭裡。等了片刻後，憲兵把丹迪斯交給前來迎接的看守，就又坐上小艇走了。

神情猥瑣的看守手持油燈，把丹迪斯帶到一個像是地下室一般的房間裡去。

「今天晚上你睡在這裡，明天所長要問你一些事情，說不定會叫你換房間。那邊有麵包和水，角落裡有乾草，你就睡在上面。」

看守說完就走了。四周籠罩在黑暗和沉寂中，由於事出突然，丹迪斯腦海一片空白，不知如何是好。

早晨的亮光不知從哪裡透了些許進來，看守又出現了，傳達所長的命令，叫丹迪斯以後就住這裡，不必再換房間。丹迪斯慘叫般的請求道：

「讓我見所長！你們一定哪裡弄錯了！」

「見所長？做夢！囚犯沒有這個權利！」看守冷酷的拒絕了。第二天，丹迪斯還是拉著看守不放，非要見到所長不可。

「你再糾纏，以後我就不送東西來給你吃，看你要怎麼辦！」

丹迪斯發瘋似的大吼道：

「隨便你！不送東西來，我頂多只是餓死而已。你再不讓我見到所長，下次你進來，我就把你的腦袋用椅子砸爛！」

「你想威脅我？好，你等等，我會讓你好看！」

看守往後退，過了一會兒，他就帶了班長和四名士兵又來了。

「這是所長的命令，把犯人押到更下面一層關瘋子的黑牢去！」

看守一說完，士兵就把丹迪斯拖起來，押著他走下十五級石階，然後把他扔進黑牢裡，鎖上門，就又匆匆離去了。

多麼悲慘的命運啊——丹迪斯連自己犯了什麼罪都不知道，就被送到拘禁重大政治犯的惡魔島來，而且被當成最危險的瘋子，關在黑牢裡！丹迪斯一想起年紀老邁的父親，以及心愛的情人梅瑟蒂絲，不禁悲從中來，流下了眼淚。

這時候的丹迪斯當然不可能知道時間的流逝，以及世事的變化。現在他依然相信代理檢察官威爾霍是忠實可靠的。但是這個年輕的司法官，却是個爲了出人頭地，不惜踐踏他人，視他人生命如草芥的小人。在丹迪斯被送到惡魔島去的那一天，他就坐上馬車，三天後到了巴黎，趕往杜伊琉璃宮，去見拿破崙沒落後恢復王位的路易十八世。

「陛下，我早就在監視一個出生於馬賽的水手，前幾天，這個水手被捕了，在我的審問

襯著藍天，露出險峻粗糙岩面的惡魔島。在一無所知的情況下，被囚禁於惡魔島監獄的丹迪斯，受到冤罪的折磨，不斷地詛咒神。

下，他終於供出曾經到艾爾巴島去見過拿破崙，並且爲拿破崙送口信給巴黎的拿破崙黨。」

他就這樣揑造了對自己有利的口實，說得天花亂墜。國王被他的忠誠感動，把配在胸前的榮譽勳位團勳章解下來，送給他。他非常風光的回到了馬賽，一個星期後，就跟桑•梅朗侯爵的女兒結婚了。

另一方面，寫密函檢舉丹迪斯的道格拉斯，擔心拿破崙回來後丹迪斯會被釋放，害怕到時候受到殘酷的報復，就請求莫雷爾幫忙，介紹他進入一家西班牙人開的商店工作，隨後就到西班牙的首都馬德里去了。

丹迪斯已經不在，費爾南感到非常滿意，同時他還故意顯得很體貼，去安慰傷心欲絕的梅瑟蒂絲，想要獲得她的芳心。不過拿破崙復位後，費爾南和卡德盧斯都受到了徵召，成爲軍人。

丹迪斯的父親則由於被厄運奪走了最疼愛的兒子，五個月後，就在梅瑟蒂絲的看護下撒手人寰。船老闆莫雷爾爲他辦理了一切後事。

可是，丹迪斯被關在悲慘的黑牢裡，這些變故，他全都無從得知。

6

檢察官與囚犯

路易十八第二次即位後又過了一年，一個檢察官來到惡魔島上的牢獄裡巡視。檢察官在所長的引導下，仔細看了每一間關犯人的牢房。犯人對檢察官的問話，不是回答「希望能早日獲得自由」，就是說「伙食太壞」。

大致上看了一遍後，所長說黑牢裡還關有狂暴的犯人，他建議檢察官最好不要去看。檢察官回答道：

「巡視犯人是我的任務。」

隨後就走下散發出惡臭的潮濕石階。

「老天！這種地方怎麼能關人呢？」

檢察官忍不住驚呼出來。

「這是一個非常危險的叛亂犯，連送食物的看守都幾乎被他殺害，所以才關到這裡來。他差不多已經半瘋了，不過離這裡十公尺遠的地方，還關了一個眞正的瘋子，那個老神父從前在義大利領導過一個政黨，一八一一年被送到這裡來，一八一三年起精神就錯亂了。」

「我也要看看他。」

他們來到黑牢的入口，所長拿出鑰匙打開鎖，沉重的門扉打開了。牢房裡只有一個鑲著鐵窗的小通風口，丹迪斯蹲縮在潮濕的空氣裡，在火炬的亮光中，他看到幾個晃動的人影，知道是地位較高的官員來巡視，就慢慢的站起來，說道：

「我要知道自己到底犯了什麼罪，我要接受正式的審判，如果有罪，即使被槍決我也絕對不怨悔。」

檢察官點點頭，問他說：

「伙食好嗎？吃得飽嗎？」

但是，丹迪斯認為伙食並不重要，他只想知道自己犯了什麼罪。檢察官很同情正直的丹迪斯，就溫和的問他說：

「你是被誰拘留的？」

「威爾霍先生，他知道我是無辜的。」

「威爾霍一年前已經離開馬賽，到杜爾茲去了。」

「他是我唯一的希望，無論如何請你一定轉告他。」

說著，丹迪斯忍不住跪在地上，祈禱了起來。

離開丹迪斯的黑牢後，所長湊到檢察官耳邊，輕聲說道：

「等一下要看到的是一個非常有意思的瘋子，他相信自己擁有一筆龐大的寶藏，甚至說，如果能讓他獲得自由，他願意送給政府一百萬。第二年變成兩百萬，今年是第五年了，所以他應該會說要送五百萬的。」

「果然有趣，他叫什麼名字？」

「法里亞神父。」

「是二十七號嗎？」

檢察官讀著牢房前的號碼。看守打開門，他看到牢房裡的地上用灰泥畫了一個圓圈，圓圈裡躺著一個幾近赤裸，衣服襤褸的老人，似乎在思考什麼。檢察官問他：

「你有什麼要求？」

「什麼也沒有。」

老人頭也不抬，很乾脆的拒絕了。

「你看不出來我是政府的官員嗎？」

聽檢察官這樣說，老人急忙起身坐正，用很快活的聲音說：

「既然你是官員，那麼請聽我說。我是法里亞神父，在羅馬出生，二十年來，一直擔任大主教的助理。一八一一年年初，莫名其妙的被關到這裡來，以後我就不斷向義大利政府和法國政府要求自由。」

「那不屬於我的管轄範圍，我只是來問你伙食好不好，住的地方怎麼樣，有沒有什麼不滿意的而已。」

「黑牢裡怎麼能談得上吃得好，住得好呢？那些我都不在乎，最重要的是我希望能早日離開這裡。」

「很遺憾，你的希望渺茫。」

「即使我要送給政府五百萬也出不去嗎？」

「金額果然完全相符。」

檢察官和所長互相交換了一個眼光。官員和囚犯又交談了起來，不過囚犯一開始就被當成瘋子，所以不管他說什麼，別人都一句話也不相信。

「我不是瘋子！」老人最後吼叫了起來，「我沒有騙你，眞的有寶藏。我可以帶你去挖挖看，如果我說謊，你就再一次把我關起來好了。什麼？慣用的伎倆？開玩笑！原來你跟別的笨蛋一樣，不相信我的話。你滾！馬上給我滾！」

神父說著，又躺下去，不理他們了。

回到所長室後，檢察官叫所長拿出犯人名簿查閱，他翻到丹迪斯的那一欄，看到上面寫著——

「艾德蒙·丹迪斯。此人爲略帶瘋狂的拿破崙黨員，曾經協助拿破崙逃離艾爾巴島。必須秘密拘禁，嚴加監視。」

罪狀既然寫得這樣清楚，已經毫無懷疑的餘地。隨後，檢察官又在欄外補上「無可赦免」四個字。

丹迪斯的期望落空了。一年後，新所長上任，看守也換了一批新人。新所長認爲囚犯一個一個叫名字很麻煩，就給每個囚犯一個號碼，丹迪斯是34號。

7

34號和27號囚犯

隨著時間的消逝，丹迪斯逐漸領悟在這樣的世界裡，不管他如何哭泣、號叫，也是不會有人來聽他訴說眞相和痛苦的。不管他如何祈禱、掙扎，也是不會有人把他從這個世界拯救出去的。他的眼淚已經哭乾，知道要脫離這個地獄般的苦海，唯一的辦法只有自殺。

他悄悄的把每天早晚送來的食物，從透風的小窗戶扔出去。一連絕食幾天下來，他的視力已經開始模糊，身體癱軟，四肢無力，甚至連詛咒讓自己陷入這樣悲慘境地的命運的力氣都喪失了。最後，只有他最親愛的人——父親、梅瑟蒂絲、莫雷爾的臉龐朦朧的浮現出來。

一天晚上，他昏昏沉沉的靠坐在牆壁上，忽然聽見不知從哪裡傳來了鈍重的聲響。體力一旦衰弱，人的聽覺反而變得敏銳起來。他豎耳傾聽，發現那並不是單純的雜音，而是很有規則的，敲一下停一下的聲響。

晚上九點過後，那聲響持續了三個鐘頭，最後還傳來了什麼東西崩塌的聲音。「越獄」的景象閃過了他的腦際，不知不覺的，他的手伸向了看守放在桌子上的湯。在一瞬間，丹迪斯

失去一切希望的丹迪斯，下定決心要結束自己的生命，每天都將一天兩次的簡陋食物，從透風的小窗丟擲出去，並沒有吃進肚子裡。

已經完全變了，無論如何，他也要活下去。

「一定是跟自己同樣不幸的囚犯，正在挖牆，打算從牢裡逃出去。」丹迪斯心裡想。但是，下一分鐘又認爲，說不定是所長叫工人整修隔壁的囚房——

隨後，丹迪斯把看守所送來的食物，全都狼吞虎嚥的吞食下去，接著，他走近發出聲音的牆壁，拾起一塊石頭，往那牆壁敲了三下。於是，彷彿變魔術似的，那聲音完全消失了。以後不管他再怎麼豎耳傾聽，也聽不到那聲音傳來。「毫無疑問的，那確實是囚犯。」丹迪斯喃喃說道。

第四天晚上，丹迪斯又把耳朵貼近闃然寂靜的牆壁傾聽，聽到了若有似無的鈍重聲響。隔壁的囚犯確實在做什麼，不過似乎感覺到以前的挖法有危險，因而換了別的做法。

丹迪斯自己也想挖挖看，但是他沒有任何工具，就故意把陶瓷的水壺摔破，把尖銳的碎片在床鋪下藏了兩、三片，半夜裡再起床拿出來，開始挖掘床鋪邊的牆壁。現在他眞後悔，自己入獄已經六年了，爲什麼沒有早一點想到挖牆逃走呢？

第三天，陶瓷碎片碰到了怎麼也挖不動的大石頭，丹迪斯想起了看守送湯時用的鍋子上有一個鐵柄，他就把空湯盤放在陰暗的入口，看守一腳踏進來，把那個盤子踩成了粉碎。因爲是自己踩破的，看守也不能說什麼。

「你把鍋子放到明天早晨吧！我等一下就喝。」

丹迪斯說得很自然，看守也沒有懷疑什麼，放下鍋子就走了。丹迪斯高興得全身發起抖來，隨後他用鍋柄做槓桿，撬動石頭，一個鐘頭後，石頭移開了，露出一個直徑超過五十公分的洞穴。他一直挖到天亮，到了早晨，他把石頭移回去塞住洞穴，再用床鋪擋住。

從那天以來，他就沒有一天休息，不斷挖洞，天色一暗下來，他馬上使出全身力氣把彎曲的鍋柄弄直，擺在原來的地方，而看守也每次把湯和肉倒在鍋裡後就走了。

有一段時間，丹迪斯聽不到對面傳來的聲音，或許是那個囚犯起了戒心也說不定，不過丹迪斯毫不鬆懈，每天晚上總是挖掘到天亮。但是挖到一個地方時，碰到了像是礎石的大石塊。

「噢！神呀！」丹迪斯叫道，「把我從絕望的死亡中喚回來的神呀！難道考驗我還不夠嗎？」

這時候，傳來了一道聲音說：

「哪一個無禮小子，敢這樣對神大言不慚？」

那聲音彷彿從地府發出似的，引起一陣迴響，聽了使人感到不寒而慄，丹迪斯嚇得寒毛倒豎，忍不住跪了下來。

「老……天，我聽到人的說話聲……」

這五、六年來，除了看守之外，丹迪斯就再也沒有聽過人說話了，他繼續說道：

「現在說話的人，你的聲音雖然很可怕，但是請你再多說一些。你是誰呢？」
「你又是誰呢？」
「不幸的囚犯。」
「你是哪國人！叫什麼名字？」
「法國人。我叫艾德蒙·丹迪斯。」
「原來是做什麼工作的？」
「水手。我是在一八一五年二月二十八日被關進這裡的。」
「什麼罪名？」
「不知道，我不記得我犯過什麼罪。」
「爲什麼被逮捕的呢？」
「他們說我企圖協助拿破崙陛下回國。」
「什麼？回國？這麼說，陛下已經沒有執政了？」
「一八一四年，陛下從楓丹白露宮退位後被流放到艾爾巴島，難道你不知道嗎？」
「我從一八一一年就被關在這裡了。」
丹迪斯聽到對方比自己早四年被關在這裡，忍不住全身一陣哆嗦。
「告訴我，你挖的洞穴有多高？」

「跟地面一樣高。」

「你的牢房對著哪個方向？」

「走廊。」

「老天，我搞錯了，不過這也無可奈何。」

「可是，你到底是誰呢？」

「我嗎？我是二十七號。你今年多大了？聲音聽起來好像還相當年輕。」

「我也不知道自己多大了，一八一五年二月二十八日被送來這裡時是十九歲。」

「那麼，你還不到二十六歲，這麼年輕，應該不會出賣人吧！」

「我可以發誓，如果我出賣你，我就咬舌自盡。」

「很好，老實說，我本來想不管你，自己一個人走的……不過，既然這樣，你再等一下，我會去你那邊的。」

「你什麼時候來呢？」

「等適當時機，我會給你暗號，知道嗎？那麼，明天見。」

丹迪斯感動得難以言喻，不禁流下淚來，他並不孤單，順利的話，說不定還能獲得自由。他整天都欣喜雀躍，等待機會的到來。

第二天早晨，看守來巡視過後，牆壁那邊傳來三下有規則的間斷響聲。丹迪斯急忙趴下

丹迪斯使出全身的力量去推洞穴，突然間，周圍的土往下崩塌，露出一個口來，從那深不可測的洞底，出現了一個白髮老人。

去聽。

「是你嗎？」

「是的。看守已經不在那裡了吧？」

「已經不在了，不到晚上是不會再來的。」

「那麼就開始了，你準備好了嗎？」

丹迪斯使出全身的力氣去推洞穴，突然間，周圍的土往下崩塌，露出一個口來，從那深不可測的洞底，鑽出了人的頭，隨後是肩膀，最後整個人都出來了。

8 法里亞神父

出來的是一個瘦小的老人，滿頭白髮，只有長及胸膛的鬍鬚是漆黑的，一雙銳利的眼睛彷彿可以刺穿人心。他很高興的看著感動得跪在地上的丹迪斯說道：

「我花費無數心血挖掘洞穴，總算有了代價，能夠遇見你，眞是太令人欣慰了。」

「你是怎麼挖到這裡來的呢？」

「用鑿子、鉗子、棍棒等各種工具挖的。」

「請給我看看。」

老人拿出一根裝上木柄、刀片尖銳的「鑿子」，說道：

「這是把鐵床上的鐵片拆下來做成的，用這個東西，我挖出了大約十六公尺長的地道。」

丹迪斯屏住氣息，非常佩服老人的智慧和意志。

「我本來打算挖通外牆跳進海裡逃走的，但是後來我才發現，這間牢房的下面是道路，隨時都有士兵守衛，所以即使挖通牆壁也是無路可逃。或許這也是神的旨意吧！」

老人看起來是那樣開朗，似乎他已經完全放棄逃走的希望了。

「請告訴我你是誰吧！」

丹迪斯滿懷熱情與敬意問道。

「我是法里亞神父，一八一一年起就被拘禁在這惡魔島上的牢獄裡。不過，如果拿破崙已經失權，那麼現在是誰在統治法國呢？」

「路易十八。」

丹迪斯回答道，隨即迫不及待的問老人說：

「你已經放棄逃走的希望了？」

「讓我想想看……我做工具就花了四年，用兩年的時間去挖那堅硬如花崗石的土，並且還挖通石階上的屋頂，以便把挖出來的土藏起來。花費了這麼多苦心，以爲目的就要達成了，但是神又把我的目的移到遠方去，看來，我已經無能爲力了……」

丹迪斯聽了，忍不住跌坐到地上，但是他轉念一想，覺得這個老人既然可以挖出十六公尺，那麼年輕的他，當然可以挖出三十公尺。這個老人是神父也是學者，既然他都相信自己可以游到對面的島去，那麼曾經是水手的他，游起來更是綽綽有餘了。人只要下定決心，沒有什麼事情是不能完成的。這個老人給了自己一個很好的榜樣，丹迪斯不再感到沮喪了。

「一切不可操之過急，必須靜等機會到來。」

另外更叫丹迪斯吃驚的是，在這暗無天日的黑牢裡，老人依然繼續思考和寫作。

「你怎麼會有筆和墨水呢？」

「自己做呀！到我的牢房裡來吧！我給你看一些東西。」

老人神采奕奕，小心翼翼的環視過四周後，轉身向那邊走回去。

他們屈身走進地下通道，越往前走就越窄，只能匍匐前進，最後推開一塊石頭，就到了神父的牢房。

「先看什麼好呢？」神父說著，向壁爐邊走過去，取下一塊磚，從磚牆後面拿出一捲布，在上面寫滿了義大利文。

「這樣的布有六十八捲，是我研究義大利王國的論文。布是用兩件襯衫和所有的手帕做成的。等我自由後，把這部論文在義大利印出來，我一定會立刻出名的。」

「是用什麼寫的呢？」

「用這個。」神父拿出粗如鉛筆的短棒給他看，「這是菜裡的鱈魚骨。墨水則是用每星期一的葡萄酒加上壁爐裡的灰燼做成的，特別重要的大事，就把指尖咬破，用血來寫。」

「在這麼暗的地方怎麼寫呢？難道你跟貓一樣，晚上也看得見東西嗎？」

「我把看守送來的肥肉留下來，做成蠟燭。用這兩塊石頭和烤焦的布點火，引火柴則是我假裝罹患皮膚病，向看守要來了硫磺做成的。當然我的寶物不只這些，其他還有很多。」

丹迪斯非常佩服老人高深的智慧，他心裡想，這麼聰明的人，或許可以告訴他自己爲什麼會招來這場不明不白的橫禍。

於是丹迪斯把盧克勒爾船長死去、受託交付給拿破崙的信、結婚宴會、逮捕、審問、被送到惡魔島上的經過，一五一十的說給神父聽。神父聽了，思索了片刻，隨後說道：

「要找出犯人來，首先必須考慮這場陰謀對誰有利。你仔細想想看，你不在了，正好中誰的心懷呢？」

「像我這樣平凡的人，在不在對誰應該都不會有損失的。」

「不能這樣回答，這是在欺騙自己。上自王侯，下至小官吏，每個人都處在相對的利害關係中。對要繼承王位的人來說，現任國王就像擋路的狗，而小官吏更是巴不得上司快點退休，好讓自己能升上去。你呢？不是十九歲就要當上船長，還要娶一個美麗的姑娘做妻子嗎？」

「確實沒有錯，不過——」

「你再想想看，有沒有人不願意看到你當船長，或是反對你娶那個叫做梅瑟蒂絲的姑娘的？」

「嗯，不過，在船上我跟大家都處得很好。啊！對了，有一個人總是找我麻煩，就是會計道格拉斯。」

「船長最後把信託付給你時，旁邊有誰呢？」

「誰也不在那裡，不過門是半掩著的，我從船長室走出來時，看到道格拉斯正好走過去。」

「我明白了。道格拉斯一定也看到了拿破崙交給你的信。另外，你還記得代理檢察官給你看的那封密告信嗎？」

「我永遠也忘不了。」

丹迪斯把道格拉斯所寫的密告信背誦出來。

「道格拉斯平常的筆跡是怎樣的？」

「一絲不苟，非常端正。」

「密告信的字呢？」

「不知道爲什麼，是一種往反方向倒的奇怪字體。」

「嗯，這是特意用左手寫的，就像這樣。」

神父拿起鱈魚骨，在布上寫下兩、三行剛才聽到的密告信內容。丹迪斯看了，臉上立刻浮現出驚恐的表情。

「顯然你吃驚了，你要知道，右手寫的字筆跡雖然各有不同，但是左手的字卻都差不多。我們再繼續吧！你娶梅瑟蒂絲，沒有人嫉妒嗎？」

「一個名叫費爾南的卡塔洛尼亞青年，深深愛著梅瑟蒂絲。」

「你認爲密告信是他寫的嗎？」

「不！密告信裡所寫的事實，他不可能知道的。」

「道格拉斯認識費爾南嗎？」

「嗯……這麼一說，我想起來了。我跟梅瑟蒂絲走過去時，道格拉斯坐在酒館前面對我冷嘲熱諷，旁邊還有裁縫師卡德盧斯，費爾南也坐在那裡，他們三個人一起喝酒……對了，他們三個人喝酒的桌子上……噢！我想起來了。現在終於明白了。啊！多麼無恥的小人呀……」

「是的，你應該會明白的。」

「你簡直像神一樣，什麼都知道。請你再告訴我一件事，爲什麼我只受過一次審問，就被判這種永遠見不到天日的刑呢？」

「這當然可以找出原因來的。是誰審問你的？」

「代理檢察官。」

「審問時，沒有什麼不尋常的跡象嗎？」

「嗯，開始的時候，代理檢察官對我非常和藹可親，但是看了密告信後，他顯得憂心忡忡，當場就把信燒燬，不留下任何證據。」

「什麼！把密告信燒燬？」

「不，燒燬的是從艾爾巴島寄出來的信。」

「看來，問題的癥結就在這裡了，那個和藹對待你的人，或許就是罪魁禍首也說不定。」

丹迪斯的腦海中有如閃電般浮現出某個情景。那一天，卡德盧斯、費爾南、道格拉斯三個人舉杯交觥，似乎在密談什麼。

「怎麼可能……」

「那封信是要寄給誰的？」

「一個名叫諾華第耶的人。」

「諾華第耶？我想這個人大概就是大革命時加入傑隆德黨的那個諾華第耶。那個代理檢察官叫什麼名字呢？」

「威爾霍。」

神父聽了，忍不住哈哈大笑起來。

9 斯帕達家的遺產

丹迪斯嚇了一跳，急忙問道：

「你怎麼了？爲什麼笑成這樣呢？」

「沒怎麼，不過，謎底在這裡全都揭曉了。你聽我說，諾華第耶全名是諾華第耶・德・威爾霍，所以那個代理檢察官威爾霍一定是諾華第耶的兒子。他知道要是那封信公開出來，自己一定會招來殺身之禍，所以必須除掉知道這件事情的你才能保住自己，因此沒有經過審判，就把你打成政治犯，讓你一輩子永無自由之日。」

丹迪斯感到一陣目眩，幾乎倒了下去，他對神父說想自己一個人靜靜想一下，隨後回到自己的牢裡，躺在床上，淚如雨下，他發誓一定要報仇雪恨，同時也爲自己的無知感到憤怒，竟然讓對方的陰謀得逞，而自己卻渾然不覺，每天在這黑牢裡飽受死亡的折磨。

丹迪斯請求神父把高深的學問全都傳授給他，神父欣然允諾他的請求，第二天就開始。丹迪斯具有驚人的記憶力和優秀的理解力，在航海中，他已經學會了義大利語和近東的語言，在神父的指導下，六個月後，西班牙語、英語和德語都說得非常流利了。

被叫做「瘋僧」的法里亞神父，其實博學得能夠執筆寫作偉大的論文，神父將所有的學問傾囊而出，全都教給了丹迪斯。

另外，在神學、哲學，以及古希臘和羅馬文學方面，神父的學識也極其淵博，他讓丹迪斯在一年之內就精通了一般人要花上十年才能習得的知識。

一年後的有一天，神父提出了越獄的計劃，正如丹迪斯以前所想到的，果然是採用挖掘地道的方法，搬開走廊的石塊，丹迪斯跳出去，將衛兵捆綁起來，兩人再從走廊的窗戶利用神父事先準備好的繩梯，沿著外側城壁爬下去。地道在十五個月後就可以挖通，他們決定在一個沒有月亮的黑夜將計劃付諸實行。

但是有一天，他們正在商談時，神父突然臉色發青，冷汗從額頭上大滴滾落下來，看起來非常痛苦。

「許久沒有發作的宿疾又開始了，我的床鋪下有一瓶紅色液體的藥。再過一會兒，我就會陷入昏迷狀態，或許會口吐泡沫，大聲慘叫也說不定，如果讓看守知道了，我就會被當做病人送到別的牢房去，那麼我們就永遠再也不能見面，所以你要把我的嘴塞住，不讓我叫出聲音來，等到我全身僵硬後，你用小刀把我的嘴撬開，把藥滴十滴到我嘴裡，這樣我就會醒來了。」

話一說完，神父就眼睛翻白，口吐泡沫，丹迪斯算準時間，依照神父剛才所說的，把紅色的藥滴進神父口中。

兩、三天後，神父已經差不多完全復原，他握住坐在枕邊的丹迪斯的手說道：

「這個病還會發作，下次再發作的話，我就沒救了。第一次發作是在入獄前，當時我已經有了覺悟。我父親是在發作三次後死的，祖父也是，這是我們家的遺傳。我已經不能游泳，無法跟你一起走了。」

「不要緊的，到時候我背著你游。」

「那怎麼行！你當過水手，應該知道背負重物是怎麼也游不過八十公尺的，我留在這裡，祝福你平安逃脫。」

「既然這樣，我也要留在這裡。」

神父一直凝視著這個純眞得令人敬佩的青年，叫他明天再來。

第二天，丹迪斯一到神父的牢房裡，神父就拿出一張紙對他說：

「這張紙是我的寶貝，我不是瘋子，你放心。大家都把我當成瘋子，我只希望你能明白我是正常的。」

神父停了一下，又慢慢的繼續說下去。

「現在我就說明這張紙的由來。從前我擔任過羅馬貴族斯帕達的秘書。斯帕達家富可敵國，當時教皇亞歷山大六世為了擴展權勢，亟需一大筆金錢。那個時候義大利非常貧窮，搜刮金錢並不容易，於是陰險的教皇想出一個計策，高價出售具有榮譽的樞機卿職位給在教廷中佔了四個最高地位的洛斯比里奧西，以及羅馬最富有的塞薩爾·斯帕達。隨後，教皇以午宴款待成爲樞機卿的兩個人。

教皇的好意是不能拒絕的，兩個人都出席在教皇宅邸葡萄園裡舉辦的宴會。洛斯比里奧西感到非常高興，但是斯帕達城府很深，凡事都經過再三思考，因此在出席前先寫好遺囑給

一天早上，丹迪斯到法里亞的牢裡去，神父交給他一張陳舊的紙，這正是畫有斯帕達家財寶埋藏處的地圖。

自己的外甥。

從前的人常說受到教皇招待比參加戰爭還要可怕，斯帕達料想的果然沒錯，端上來的酒裡下了毒，斯帕達死在葡萄園的入口，洛斯比里奧西也死了，醫生診斷說是誤食毒蕈中毒而死，誰也無法追究。人若是活著，教皇權利再大，也不能隨意沒收財產，現在人死了，教皇就以搜查斯帕達的文件為藉口，扣押遺產，但是遺產只有一封寫給外甥格伊德·斯帕達的信。

信中寫著：『我把小匣子和所有的書籍送給摯愛的外甥，小匣子裡有一本包金的祈禱書，這是我的遺物，請務必珍藏。』除此之外，哪裡也找不到遺產，教皇的陰謀並沒有能得逞。

過了不久，教皇也死了。

我擔任秘書的斯帕達先生是斯帕達家最後的成員，後來他也逝世了。遺產中除了斯帕達家譜之外，還有五千冊藏書，以及那一本祈禱書，因為沒有繼承人，所以斯帕達先生就全部轉贈給我。一八〇七年，就在我被逮捕前一個月，我偶然翻開那本祈禱書，從裡面掉出來被毒殺的斯帕達先生寫給外甥的遺囑。我透過燭光看，發現似乎還寫有別的字。

於是我把遺囑拿到火上烤，就變成這樣一段文章，你讀讀看。」

丹迪斯讀了起來——

教皇亞歷山大六世閣下要以午宴款待我，很有可能是爲了毒殺我，然後再將我的財產沒收。因此，我給我的財產繼承人外甥格伊德•斯帕達留下後述的遺囑。

我的財產全都藏在基度山島的洞穴裡。包括金塊、金幣、鑽石、綠寶石等共值約兩百萬耶基。從島東邊的海灣數起的第二十顆岩石撬開後，可以看到兩個洞穴，寶物藏在第二個洞穴的最深處角落。

一四九八年四月二十五日

塞薩爾•斯帕達

「可是，這些寶藏現在還在嗎？」

讀完後，丹迪斯問道。

「當然還在，因爲只有我看過遺囑的內容。」

「兩百萬耶基換算成現在的錢，會有多少呢？」

「嗯，大概有一千三百萬吧！」

因爲數目太過龐大了，丹迪斯忍不住發出了嘆息。

「不過，那是斯帕達家的財產。」

「但是，這是斯帕達家最後的一個成員贈送我的，而且，斯帕達家已經絕後了。要是能從這裡逃出去，你帶我到基度山島，我把寶藏分一半給你。」

「這怎麼可以呢？寶藏是你的。」

「說什麼傻話！我早就把你當成自己的兒子了。」

神父說著，握住丹迪斯的手。淚水從丹迪斯的眼睛裡滾落下來。

10

越獄

神父不知道基度山島在哪裡，但是當過水手的丹迪斯知道。他搭乘的船曾經好幾次駛過這座位於科西嘉島和艾爾巴島之間的小島，有一次甚至還在那裡靠了岸。那是一座由呈圓錐狀的岩石形成的島。丹迪斯向神父說明那座島的地形。

神父怕有第三者看到，叫丹迪斯把斯帕達家的遺囑背下來，隨後悄悄燒掉了。

一天晚上，丹迪斯在睡夢中，好像聽到有人在叫自己的名字，於是醒了過來，隨後立即鑽進黑暗的地道，來到神父的牢房。在燭光的照耀下，神父的臉蒼白得怕人。

「啊！你來了。我最後的時刻終於到了，神正在召喚我到祂的身邊去，我就要從痛苦中解脫了。」

「請不要這樣說，紅色的藥還有。」

「不！已經來不及了。再過五分鐘病就會發作，十五分鐘後我就會死去，等我僵硬不動後，你滴十二滴藥——而不是十滴——到我嘴裡，這樣我就能安詳死去。還有，你千萬不要忘記斯帕達家的寶藏，不要忘記基度山島。」

最後的話一說完，神父的病就劇烈發作，過了一會兒，神父全身僵硬，安靜了下來，丹迪斯用小刀撬開神父緊閉的嘴，依照吩咐滴了十二滴，神父就再也不動了。

一道光線從窗洞裡射了進來，丹迪斯這才知道自己陪死者過了一夜。看守就要來了，他趕緊躲到地道裡去。

不久，傳來了看守的腳步聲，隨後聽到了驚叫聲，接著是一大群人雜亂的腳步聲，似乎所長、士兵和醫生都趕來了。醫生用燒紅的烙鐵做最後的診視，只聽到皮膚燙焦的滋滋聲。

「這樣燙一下腳踝就可以知道是不是裝死了。老天！說起來也真悲慘，這個瘋子從此就從病痛和牢房裡解脫了。」

「確實可憐，盡可能用新的袋子，好好的海葬他吧！」

聽這口氣，一定是所長沒錯。不一會兒，可以聽到像是袋子發出的窸窣聲，以及說話聲和雜亂的腳步聲。最後所長說道：

「那麼，今晚就把他扔掉。」

「幾點扔呢？」

「十點或十一點吧！」

「要不要派人看守屍體呢？」

「不必。」

人群的腳步聲逐漸離去，深沈的寂靜把四周包圍了起來。丹迪斯用頭慢慢頂開石塊，進到神父的牢房。神父被裝進袋子，躺在那裡。

「我也死去的話，就可以在另一個世界，見到有如我父親的神父了。」

丹迪斯坐在袋子前喃喃說道。這時他覺得自己似乎忽然聽到神父不知從哪裡在對他說：

「不行！你不能死，你還有很多事情要做，難道你忘記基度山島了嗎？」

「是的，我要活下去，我要堅持下去，在我死之前，一定要讓那些無恥小人罪有應得！」

這時候，丹迪斯突然閃現了一個靈感，他要代替死人被扔到海裡。再也沒有考慮的餘地了，他用小刀把裝神父的袋子劃開，拉出神父的遺體，從通道回到自己的牢房，接著把神父的遺體放在床上，用布蓋上，最後他在神父冰冷的額頭上吻別。

隨後他回到神父的牢房，鑽進袋子裡，從袋子內側把剛才劃開的裂洞縫合。他也想到，要是半路上被發現了，該怎麼辦？要是被埋到深深的墳穴裡，該怎麼辦？但是，一切只有聽憑上天安排了……

夜深了，石階上的腳步聲愈來愈近，丹迪斯覺得自己的血液彷彿都凍住了。牢房的門打開了，可以看到朦朧的燈影。屍體被移到了擔架上。

「老人還這麼沈重。」

「人越老，骨頭就越重。」

丹迪斯知道只有死了以後才能離開牢獄，並沒有多餘的心思去悲傷法里亞神父的死，就代替屍體鑽進袋子裡。

「你捆上了嗎?」

「那東西等到了再捆，否則會更重的。」

到底他們要捆上什麼呢?丹迪斯感到有些不安。擔架沿著階梯愈爬愈高，夜風吹在身上涼颼颼的。

不一會兒，擔架被放了下來。一條像是繩子般的東西，緊緊捆住丹迪斯的雙腳。那是沉錘，好讓屍體能深深沉入海底。剛才他們說要捆上的，就是這個沉錘。擔架又動了起來，好像是打開了大門，他們來到了外面。海浪打在岩礁上的聲音，愈來愈清晰了。

「天氣眞惡劣，浪大風也大——」

在爬高四、五步的地方，丹迪斯的頭和腳被分別抓住，搖晃了起來，隨著一、二、三的齊聲吆喝，他知道自己的身體在飛向空中的同時，立刻迅速下墜，隨即猛烈的撞擊水面，接著就被硬往海底拖下去。丹迪斯被捆上三十六公斤重的沉錘，扔進了海中。

即使曾經在海上歷經鍛鍊，丹迪斯在袋子裡也差一點昏迷過去。他急忙拿出預藏的小刀劃開袋子，一番掙扎過後，好不容易才割斷腳上的錘繩，就在他快要支撐不住的最後一剎那，浮到了水面，逃離了惡魔島的墳墓。

但是，丹迪斯並不能因此就鬆一口氣。天空非常陰沈，海上波濤洶湧，後面有惡魔島聳立，岩壁上可以見到若隱若現的燈影。他再一次潛進水裡，游了很久之後才露出臉來。

離這裡最近，並且最安全的是提布蘭島和盧梅爾島。雖然對丹迪斯來說，游泳就跟走路一樣容易，可是，他在夜晚的海裡已經整整游了一個鐘頭，就是看不到一座島嶼，或許方向錯了也說不定。天空愈來愈暗，彷彿就要籠罩下來了似的。這時候，丹迪斯的膝蓋感到一陣劇烈的疼痛，原來他撞到了海底的岩石。他睜眼凝視，看到前方二十步遠的地方，正是奇岩怪石聳立的提布蘭島。

丹迪斯站起來向前走去，他覺得那裡的花崗岩比任何柔軟的床鋪都要舒服。雖然強風夾著大雨不斷吹襲過來，不過，他疲憊已極的身體一躺下來，就那樣睡著了。

不知道過了多少個鐘頭，丹迪斯被一聲巨大的雷鳴驚醒了過來，他想起自己已經二十四小時沒有吃任何東西了，於是趴下臉去，用手掬起積在岩窪裡的雨水啜飲。這時候他看到遠方的海上有五個人緊抓住小小的漁船和帆柱，但是在下一瞬間，小船就在岩礁上撞成碎片，沉下去了。

「再過兩、三個鐘頭，看守就會發現我脫逃，引起一場大騷動，不知道會有多少士兵乘船出來追捕我，大炮會在岸邊轟隆作響，不讓任何人收留我，給我食物，或許我會被找到也說不定……」

後方可以看到惡魔島上聳立著的陰森森城堡。天逐漸亮了。丹迪斯滿懷不安，望著依然露出猙獰白牙，翻騰打滾的大海。

連同袋子被扔進暴風雨的大海中的丹迪斯，切開袋子舞動雙手拼命游泳，在跟驚濤駭浪搏鬥了一個小時後，終於游到一座無人島上。

11 基度山島

突然間，丹迪斯看到波梅克島的尖端，有一艘升起帆的船有如海鷗般浮了出來。

「那一定是義大利熱那亞的帆船。」

只有像丹迪斯這樣精明的水手，才能一眼就看出一半從事走私，一半從事海盜行徑的熱那亞帆船。惡魔島還沒有發出警報，要逃只有趁現在。自己只要對船上的人說，漁船遇難，同伴都淹死了，對方一定會相信的。

岸邊漂著許多昨晚那艘船的龍骨破片，還有一頂水手帽，丹迪斯下定決心，他拾起帽子戴上，一隻手扶著一塊最大的破片，向那艘帆船游去。他揮動帽子，高聲呼叫，但是，船上的人似乎聽不到他的聲音。於是丹迪斯又站到破片上嘶喊，拚命揮動帽子，對方這才似乎終於聽到他那淒厲的叫聲。船頭向他轉了過來，並且放下了小艇。

「你是什麼人？」

丹迪斯被拉到甲板上時，船長用生澀的法語問他，丹迪斯則用流利的義大利語回答說：

「我是在馬爾他出生的船員，船上載了一批葡萄酒，在那座島的前端撞成了粉碎，同伴都死了，只有我拚命抓住礁岩才撿回了一條命。那是一座無人島，什麼也沒有，所以才扶著船的破片游過來求救的。」

「我要救你的時候，你那十八公分長的鬍鬚，以及長達三十公分的頭髮，倒是讓我嚇了一跳呢！」救他的水手說。

丹迪斯想起自己被關到惡魔島上後，就一次也沒有剃過鬍鬚，也沒有剪過頭髮。

「眞對不起，上一次我的船遇難獲救時，我就到聖母院許了願，發誓十年內不剪頭髮，也不剃鬍鬚。」

「不過，現在你打算怎麼辦呢？」

「船已經沉了，船長也死了，我成了天涯孤獨客，也沒有什麼打算，只希望你們在哪裡靠岸時，把我送到陸地上就行了。」

「你對地中海熟不熟？」

「從小我就在海上生活，地中海對我來說，簡直就像我家的後院似的。不過，這艘船要開往哪裡呢？」

「義大利的里波盧諾。」

「那麼爲什麼要這樣轉來轉去呢？浪費了寶貴時間。」

「這是因爲我們怕會撞上里奧島。」

「怎麼會呢？請放心，一切看我的。」

「別說大話了，你來掌一下舵，讓我看看你的手腕如何。」

丹迪斯很爽快的掌起了舵，果然他沒有吹噓，船長口裡咬著雪茄看著他，不斷的鼓掌叫好。

「眞了不起，在到達里波盧諾之前，就請你幫忙掌舵，當然我會付給你工資的。對了，傑柯波，把你的替換衣服拿來給這個小伙子穿上。」

傑柯波立刻拿來了襯衫和長褲，隨後又送來了萊姆酒和麵包，丹迪斯才喝了一口，就聽到船長忽然叫道：

「咦？惡魔島上好像出事了！」

只見城堡南炮台一帶發出砰砰聲響，冒出陣陣白煙，那些水手都面面相覷。

「大概昨晚有囚犯逃脫了，那些炮一定是用來警告船隻的。」

丹迪斯佯裝不知，船長則滿腹懷疑，看著丹迪斯。不過船長認爲即使丹迪斯是逃犯也無所謂，這艘船正需要像他這樣熟練的水手。

丹迪斯吃飽了之後，來到傑柯波身邊問道：

「今天幾號了？」

「二月二十八號。」

「幾年呢？」

「什麼！連幾年也忘了，一八二九年。」

這麼說，他是在十四年前的今天被逮捕的。十九歲被關進惡魔島的他，已經三十三歲了。

丹迪斯料想的沒錯，這艘珍娜•雅梅麗號帆船果然是一艘走私船。船長看到丹迪斯讓船平安渡過陸地附近的大浪，從此非常信任他。

船進入里波盧諾港後，丹迪斯立刻奔向理髮店，把簡直不是人有的頭髮和鬍鬚剪短。看到映在鏡子裡的身影，連他自己也吃了一驚。被關進惡魔島之前的圓臉，現在已經變長了，而在憂鬱的額頭下，一雙眉毛則顯得又粗又濃。

眼睛裡帶著深深的哀愁，彷彿燃燒著憎恨。表情豐富，顯現出洗練的貴族氣質。他那在黑暗的世界裡，由於不斷的祈禱和詛咒而改變了的聲音，有時候尖銳，有時候則顯得不可思議的溫柔。

而且，在黑暗中生活了十四年，竟然使他的眼睛在黑夜裡，也像狼和貓那樣，看得見東西。丹迪斯看著自己的臉，不禁得意的笑了。以前不管跟他再怎麼親密的人，現在誰也認不出他來了。他預先支領了工資，買了一套水手服。

丹迪斯為了報答船長的救命之恩，簽了三個月的契約，在珍娜•雅梅麗號上工作。每當船經過花崗岩的岩山——也就是基度山島附近時，他心裡總是想，只要跳進海裡，游三十分鐘，就可以到達島上了。但是，現在他既沒有工具，也沒有糧食，只有靜待時機了。十四年的牢獄生活，教會了他等待的重要。要將龐大的財富弄到手，大概至少得等上半年吧……。

不過，出乎意料的，機會竟然很快就到了，船長決定在土耳其一帶裝載私貨，找一個隱秘的地方堆積起來，再一舉登陸法國海岸，獲取巨額暴利，船長選擇了基度山島這座無人島做爲藏私貨的地方。

丹迪斯內心竊喜。船隨著順風靜靜前進。夜晚降臨後，船上所有的人都登陸基度山島，立刻開始卸貨，並且決定次日清晨出發。

天還沒有亮，丹迪斯說要爲大家獵來山羊，做一頓豐盛的早餐，帶著槍彈就到後山去了。傑柯波跟著他，他們射中了一頭小山羊，由傑柯波帶回去。

丹迪斯來到大家看得到的地方，在岩石上跳來跳去，故意一腳踩空，慘叫一聲摔倒下去，所有的人都大吃一驚，急忙奔跑過來，只見丹迪斯昏迷不醒，躺在那裡。經過一陣手忙腳亂救護的結果，丹迪斯總算醒了過來，不過他說腰疼得像有針在刺，四肢無法動彈，頭也痛得有如要爆裂似的，請大家不要碰他，不讓別人把他抬到船上去。他對船長說：

「船長，對不起，請讓我留在這裡，兩、三天就會好的。請不要爲我耽誤工作，快點兒出發吧！只要留給我一些餅乾和槍彈火藥就行了，我自己可以獵取鳥獸充飢。還有，請借給

丹迪斯所搭乘的走私船雅梅麗號，一天早晨，沿著地中海的一座小島旁行駛著。那座浴著朝陽，光輝燦爛的小島，正是埋藏著財寶的基度山島。

我一把鶴嘴鋤，我想蓋一間小屋棲身。」

船長說他不能把病人一個人扔在這裡不管，傑柯波也說他願意留下來照顧病人，不過丹迪斯很巧妙的婉拒了，那些走私者終於都順從了他的意思。

一個鐘頭以後，等帆船完全消失蹤影了，丹迪斯立即一躍而起，一隻手拿槍，一隻手握著鶴嘴鋤，精神飽滿的跑到剛才所找到的岩石去。

12 發現寶藏

五月的強烈陽光直射下來，周圍的樹叢中數以千計的蟬兒在鳴唱，碧綠色的蜥蜴，從丹迪斯腳下灼熱的花崗岩上奔竄而過。

這裡是島上最高的地方，從這裡，可以將整座島一覽無遺，也可以望見包圍這座島的無垠大海。丹迪斯對準他認定的那塊岩石走下去。

「就是這裡，只要把這塊岩石移開，下面就會出現洞窟的入口。」

但是，再仔細一看，才發現這塊岩石旁邊有從斜坡上滾落下來的痕跡。於是丹迪斯將四周茂密的灌木剷除，把草根掘開，才找到岩石原來的地方。那裡有一塊像是用人的手擺上去的石板蓋。

丹迪斯耐心的在石板周圍挖了一陣，終於露出一個人的手臂可以伸進去的洞。他拿出傑柯波留下來的填滿火藥的山羊角，插進石縫間，隨後撕開手帕，做了一條導火繩。在一端點上火後，立刻遠遠跳開趴在地上躲起來。不一會兒，傳來一聲轟隆巨響，他跑過去一看，那裡露出了一個大洞。

洞裡似乎有一道階梯，深處則是一片漆黑。丹迪斯的心跳突然加速了起來，他一步一步慢慢的往岩穴裡走進去。

一會兒之後，他的眼睛就習慣了黑暗，這時候，他忽然想起了遺囑中所寫的「第二個洞穴的最深處角落」，這裡似乎是第一個洞穴。

於是丹迪斯舉起手中的鶴嘴鋤四處敲打，聽出岩壁的一角所發出的響聲與別的地方不同，他將鶴嘴鋤用力一揮，發現那裡塞的是不同的岩石，只不過是塗了顏色，難以分辨出來罷了。

丹迪斯用鶴嘴鋤將那塊岩石慢慢的敲下來，於是第二個洞穴露出了巨大的入口。丹迪斯深深吸一口氣，小心翼翼走下去。第二個洞穴的頂比第一個洞穴低，而且一片漆黑，不知道為什麼，令人感到毛骨悚然。丹迪斯的眼睛在黑暗中雖然也看得見，但是這裡似乎空無一物。他在角落裡的窪地挖掘起來。

挖了五、六下，鶴嘴鋤好像碰到了什麼堅硬的東西，丹迪斯放下鶴嘴鋤，點燃火炬，把火炬插在地上，又繼續挖起來，不一會兒，一個鑲有雕刻鐵箍的橡木箱露了出來，蓋子上，毫無疑問的，正是斯帕達家的徽章——橢圓形的義大利盾牌上，交叉插著兩把劍。

丹迪斯抓住箱子上的環扣，想要將箱子提上來，但是箱子太重了，紋風不動。於是他把鶴嘴鋤的尖端插進箱蓋的隙縫間用力去撬。在這決定命運的一瞬間，他覺得自己興奮得快要瘋了。

最後箱蓋終於打開了，丹迪斯感到眼睛一陣刺痛，簡直驚呆了。箱子裡面隔成三格，第一格是燦爛晶亮的金幣，第二格則滿滿的都是大塊的純金，第三格更叫人驚訝，全是鑽石、綠寶石、紅寶石、珍珠等昂貴的寶石。

斯帕達家的財寶，果然正如遺囑中所說的，絲毫不差。

由於太過興奮了，丹迪斯全身哆嗦著走出洞穴。他站在岩石上向四方遠眺，當然是看不到一個人的。他以爲自己在做夢，不敢相信降臨在自己身上的幸運。他跪在地上，不斷的向神禱告。

隨後他又回到洞穴裡，開始計算這些令人難以置信的財產。重達兩里維爾到三里維爾的純金有一千塊。換算成現在的貨幣，值二十五法郎的金幣，共有兩萬五千枚，而這些只佔了半個箱子，那些堆積如山的寶石，更不知要如何去估算出價值才好。

第二天早晨，丹迪斯在兩邊口袋裡滿滿的裝了寶石，把箱子再埋好，並且用腳踩平泥土，好讓別人看不出來。外面的入口則用石塊塞住，然後用野草遮住。

六天以後，那些走私者又回來了，丹迪斯立刻跟他們一起出發，到達里波盧諾後，他找了一家猶太人寶石店，把幾顆小鑽石各以一千法郎的價錢賣掉。

洞穴繼續挖掘下去，隨即看到了裝著寶物的木箱。丹迪斯哆嗦著雙手打開箱蓋，裡頭出現的全都是晶瑩得幾乎讓人睜不開眼睛的財寶。

第二天，丹迪斯用那些錢買了一艘新船，送給傑柯波，另外還給了他一百皮亞斯多爾，要他到馬賽去，探聽一個名叫路易•丹迪斯的老人，以及卡塔洛尼亞村的一個姑娘梅瑟蒂絲的消息。

傑柯波覺得自己有如在做夢一般，丹迪斯說他繼承了舅舅的遺產，傑柯波也就相信了，並沒有起疑心。船長捨不得丹迪斯離開，想盡辦法要挽留他，不過，丹迪斯很有禮貌的婉拒了。

第二天，傑柯波啓航前往馬賽。丹迪斯跟傑柯波約好在基度山島見面，對別的伙伴則什麼也沒有說就走了。

丹迪斯首先到義大利的熱那亞去。在那裡，他向造船師傅訂購了一艘精巧的小艇，船室的床鋪枕邊設有秘密櫥櫃，裡面隔成三格。丹迪斯自己一個人駕著這艘小艇，到基度山島去，把那筆龐大的財寶，全都搬到小艇上的秘密櫥櫃裡。

但是，第八天，傑柯波却帶來了令人悲傷的消息。父親已經不在這個人世間，梅瑟蒂絲則不知去向。

丹迪斯偕同傑柯波在馬賽登陸時，看到聚集在岸邊的人群裡，有他當時在埃及王號船上的同伴。丹迪斯向對方打聽了許多消息，對方一點也認不出來他就是丹迪斯。

丹迪斯走在路上，內心充滿了難以言喻的激動。童年時代的回憶，陸續在腦海中湧現出來。當他來到老家旁邊時，雙腿竟然哆嗦得幾乎要癱軟了。他知道父親已經沒有住在這裡，又捨不得這樣轉身就走，就請看門的管理員打開房間讓他看。然後去拜訪這幢建築物的所有人，以英國貴族威爾蒙勳爵的名義，把那個房子用兩萬五千法郎買下來。

那天傍晚，成爲威爾蒙勳爵的丹迪斯，在卡塔洛尼亞村的小路上散步，走進一個貧窮的漁民家裡，詳細詢問死去的人，以及十五、六年前離開這個村子的人的詳細消息。當這個貴族從漁民家裡出來後，向一名船員不知吩咐了什麼，隨後就跨上馬，向馬賽飛馳而去了。

13

卡德盧斯的告白

在靠近波克爾的街道上，有一間簡陋的旅館。自從便利的運河開通後，行人日益減少，街道和旅館都顯得冷冷清清的。旅館老闆年約四十五、六歲，又高又瘦，眼眶深陷，鼻子高聳，看起來非常陰險。

他的妻子則臉色蒼白，似乎疾病纏身。她得了這個地方特有的風土病，從早到晚，身體一直抖個不停。這對夫婦幾乎沒有一天不互相指著對方的鼻子，惡言咒罵。

有一天，一個身穿錦袍的神父，騎著馬，來到這家寒酸的旅館。那個容貌卑賤的老闆，搓著雙手，出來迎接神父。

「我是布索尼神父，你就是曾經在馬賽港附近的梅蘭路開裁縫店的卡德盧斯先生吧？」神父問道，狠狠的盯著老闆看，眼光彷彿要刺穿他的心了。老闆忍不住打了一個寒噤，回答說：

「是的，我就是那個卡德盧斯。」

「卡德盧斯先生，我是來請教你幾個問題的。你在一八一四年左右，是不是認識一個名叫丹迪斯的船員。」

「丹迪斯？豈只認識而已，我們最要好了……丹迪斯怎麼了嗎？你在哪裡見過他了？他已經自由了嗎？」

「不！我是看著他臨終的。」

「什麼！他死了？」

卡德盧斯驚懼得聲音都嘶啞了。

「是的，丹迪斯臨終時，依然不明白自己爲什麼被逮捕，請求我爲他追究清楚。跟丹迪斯同時被關進監牢的一個政治犯，身邊帶著昂貴的鑽石，他在獄中生了重病，丹迪斯盡心照顧他，他爲了答謝丹迪斯，出獄時就把鑽石送給了丹迪斯。」

神父從法衣下面的口袋裡，掏出一個黑色的小皮匣，打開蓋子，卡德盧斯睜大了眼睛，差一點兒叫了出來。

「神父先生，這到底值多少呢？」

「至少值五萬法郎。丹迪斯對我說，他有三個最要好的朋友和一個未婚妻，這四個人一定在爲他不幸的命運傷心嘆息，其中一個就是卡德盧斯先生……」

「確實是這樣的，一點也沒有錯……」

「另外一個是道格拉斯，還有一個是費爾南，雖然當時是他的競爭對手，但不久就會成爲他的親戚。而他的未婚妻……我一時想不起來叫什麼了……」
「梅瑟蒂絲。」卡德盧斯立即接口說道。
「丹迪斯要我把這顆鑽石賣掉，平均分給他父親和這四個人。我是丹迪斯的遺言執行人，所以首先來拜訪你。」
「可是，丹迪斯的父親已經死了。」
「那麼錢由四個人分就行了。不過，丹迪斯的父親是怎麼死的呢？」
「醫生說是得了胃腸粘膜炎死的，其實是餓死的。」
這時候，樓梯那邊傳來一道陰沉沉的聲音說道：
「你可不要給自己找麻煩，少信嘴胡說！」
神父回頭一看，只見卡德盧斯的妻子一臉憔悴，站在那裡豎耳傾聽。卡德盧斯怒氣沖天，對著妻子大吼道：
「妳才給我閉嘴！滾！」
「既然這樣，」神父改變話題問道，「費爾南是丹迪斯的好朋友嗎？」
「現在再說也沒有用，要是丹迪斯還活著的話，我倒是很願意告訴他的。」
「你的意思是，錢可以不必分給他了？」
「是的，那傢伙跟我們不同，不但有錢，而且有勢，把丹迪斯的遺產分給那個出賣朋友的傢伙，簡直就像把錢送給小偷一樣，太可惜了。」

「現在，我想請你幫個忙，能不能把其他的人的地址告訴我，好讓我能完成丹迪斯最後的心願。」

「沒問題，我全都告訴你，只是我希望你能保證——」卡德盧斯愼重的說，「不對別人說這些事情是從我這裡得知的。因爲那些人都有錢有勢，我這個卑微的旅館老闆，要是被他們懷恨在心，那就再也活不下去了。」

「你不必擔心，我已經將自己奉獻給了神，怎麼還會去挑撥是非呢？」

「我想你已經從丹迪斯那裡聽說了，他的結婚喜宴，開始時是非常快樂熱鬧的，但是結果卻變得那樣悲慘，丹迪斯被全副武裝的憲警帶走。」

「是的，他是這樣告訴我的。」

「丹迪斯被帶走後，莫雷爾去探望丹迪斯的父親，老人整天把自己關在房間裡，足不出戶，未婚妻梅瑟蒂絲到馬賽去，請求代理檢察官威爾霍斡旋，不過，似乎什麼承諾也沒有得到。她到老人家裡去，看到老人不思飲食，只是呆楞茫然望著牆壁坐著，就要求老人到她家去，好讓她能照顧他，但是老人怎麼也不肯答應。到最後，連我在樓下都可以聽到老人啜泣的聲音，實在再也忍不住了，就走上去勸解，老人終於抑住悲傷，跪在地上禱告。漸漸的，老人開始和所有的人疏遠了起來，不管是我喊他，或是莫雷爾去探視他，他都房門深鎖，相應不理。梅瑟蒂絲非常擔心，每天都來看望，莫雷爾把自己的錢包留在老人的櫃子上，要讓老人自由使用。可是一切都挽回不了，老人繼續絕食，第九天就死了。」

神父雖然顯出痛苦難忍的神情，但他還是催促說：

「其他的人是怎樣了呢？」

「一個爲了愛情，一個爲了野心，嫉妒丹迪斯，共同設下圈套陷害了他。」

「那是誰跟誰呢？」

「費爾南跟道格拉斯，他們檢舉丹迪斯是拿破崙黨，也就是一個人寫密告信，另一個人把信寄出去。道格拉斯爲了掩飾自己的筆跡，特意用左手寫，再讓費爾南把信寄出去。」

「你爲什麼知道得那麼詳細呢？難道當時你在旁邊嗎？」

「一點也沒有錯，當時我就在旁邊。」

「你爲什麼沒有阻止這種無恥的行徑呢？你跟他們是同夥——」

「不！當時我已經醉得分不清善惡了……事後我想把一切都揭發出來，可是道格拉斯恐嚇我，說要是我敢向誰吐露出一個字，就立刻把我也打成拿破崙黨，讓我吃不了兜著走。我眞是個卑鄙怯懦的小人。」

「不！你很正直。現在，請你告訴我莫雷爾是怎樣的一個人。」

「他是埃及王號的船東，丹迪斯的老闆，情深義重，爲丹迪斯盡了無限心力。陛下一回

共犯之一的卡德盧斯，現在已經淪落爲客棧老闆，一心想得到布索尼神父所拿出來的鑽石，並不知道對方是丹迪斯，就把過去的一切全都說了出來。

國後，他就遞上請願文，請求釋放丹迪斯，不過在第二王政時代，他就被視爲拿破崙黨，到處受到迫害。丹迪斯的父親死時，他不但爲老人償還了全部債務，還出錢爲老人辦喪事。當時莫雷爾留下來的紅色錢包，現在還在我這裡。」

「莫雷爾還活著嗎？」

「是的，不過景況非常淒涼……兩年之內，失去了五艘船，三次被銀行宣布破產……現在等待以前丹迪斯工作過的埃及王號從印度歸來，已經成了他唯一的希望，如果這次失敗了，他就要破產了。他那溫柔的女兒最近就要結婚，另外他還有一個官拜陸軍中尉的兒子。跟莫雷爾相比，費爾南和道格拉斯反而飛黃騰達，雖然是在神父面前，我也不禁要說神太不公平了。」

「先別下這樣的斷語，詳細告訴我道格拉斯的情形吧！」

神父很平靜的催促他說下去。

14 獄中檔案

「莫雷爾並不知道道格拉斯是那樣的陰險，」卡德盧斯繼續說道，「把他推薦給西班牙的銀行家，因為那傢伙的算術非常高明。西班牙戰爭時，他投效法國軍隊，獲得了巨額報酬，他再用這筆錢從事土地買賣，賺取了三、四倍利潤，最後他還娶了銀行家的女兒為妻，不過那個妻子不幸死了，他又再娶了一個剛喪夫不久的寡婦，這個寡婦是當今皇上的侍從的女兒，所以他不但成了百萬富翁，還升為男爵，現在住在蒙·布蘭街的宅邸裡，擁有十四馬，六個僕人，金庫裡的錢更是多得快要溢出來了……」

「確實氣派，那麼費爾南呢？」

「費爾南就更不得了了，拿破崙回法國前兩、三天，他接受徵召，參加在里尼的戰爭。第二天晚上，指揮他的一個將軍與敵人相勾結，跑到英軍那裡去了，他也跟著去。這在拿破崙時代，一定會交付軍法審判，可是恢復王政統治後，這種行為反而受到表揚，他成為少尉回到了法國。

一八二三年升為上尉，西班牙戰爭時，由於他是西班牙人，所以奉命去刺探軍情，因為擁護王黨有功，隨後更躍升爲上校，佔領特洛卡第羅後，他獲得了榮譽勳位團勳章和伯爵的稱號。後來在希臘對土耳其發動獨立戰爭時，他也以個人名義參加，改名莫塞爾伯爵，並且由於盡心侍奉阿里·帕夏，得到一筆龐大的遺產，回到法國後立即升爲中將。」

「現在呢？」

「現在他在巴黎的耶爾第街二十七號，蓋了一幢宏偉富麗的宅邸，耀武揚威，根本不把任何人看在眼裡。」

「梅瑟蒂絲的行踪，現在依然不明嗎？」

「不！現在她已經成爲巴黎社交界知名的貴夫人了。跟她親如兄妹的費爾南參軍後，她變得孤獨無依。三個月後，費爾南穿著少尉的軍裝出現。下一次費爾南回來時，已經升爲中尉。六個月後，兩個人就在雅克爾教堂舉行了婚禮。」

神父閉上了眼睛，好像在強忍什麼痛苦似的。

「後來你見過梅瑟蒂絲嗎？」

「是的，西班牙戰爭時，我在貝爾比尼昂見過她。她已經完全投注在孩子的教育上了，當然她的教養——繪畫和音樂——也佔去她許多時間……畢竟她是個有錢、有地位的伯爵夫人，這些是不能少的。」

「威爾霍呢？」

丹迪斯入獄後，未婚妻梅瑟蒂絲每天從早哭到晚，但是最後還是無法拒絕費爾南的求婚，現在已經成爲巴黎社交界知名的貴婦人。

神父最後問道。

「我們不是朋友，所以我只知道關於他的一些傳聞，據說他把丹迪斯送進監獄後，就跟桑•梅朗侯爵的小姐結婚，離開了馬賽。大概現在也跟道格拉斯和費爾南一樣，春風得意吧！那就不是我——」

卡德盧斯正要奚落下去，神父打斷了他的話，說道：

「請收下這顆鑽石。」

「我一個人？」

「看起來，丹迪斯的朋友只有你一個人了。」

「啊！你——」卡德盧斯高興得張開雙手，就想擁抱神父。

「不過，」神父繼續說道，「能不能把莫雷爾放在丹迪斯父親那裡的紅色錢包送給我？」

卡德盧斯立刻飛奔進屋子裡，從櫃子裡拿出那個褪了色的錢包，交給神父，神父把鑽石放在卡德盧斯手裡。

「啊！你就像神那麼偉大，因爲你本來可以私吞這顆鑽石的。」

「我就告辭了。你所說的都沒有錯吧？」

神父最後再確認一次，彷彿不想接受卡德盧斯的感激似的，走到外面，瀟灑的跨上駿馬，從剛才來的路上馳騁而去。

第二天，一個英國紳士打扮的年輕男子，去拜訪馬賽市長。

「我是湯姆遜公司的職員，十年來，一直跟馬賽的莫雷爾公司有生意往來，大約投資了十萬法郎。最近，聽說莫雷爾公司快要破產了——」

「是的，這一陣子莫雷爾災難不斷，不過詳細情形我也不清楚，你可以去請教諾瓦耶街十五號的刑務檢察官波比爾，我聽說他借給了莫雷爾公司二十萬法郎。」

英國人去拜訪市長所說的波比爾。客人顯出英國人特有的沈靜穩重，提出同樣的問題。

「很遺憾，你所說的是事實，我借給了莫雷爾公司二十萬法郎，三十分鐘前，莫雷爾來我這裡，說這個月十五日，埃及王號返航之前，他無法償還。我正在爲難呢！」

「你很擔心債權問題吧？」

「是的，要是莫雷爾破產了，就要不回來了。」

「那麼，你能不能把債權賣給我？」

「賣給你？大概賣不了多少錢吧？」

「不！我用二十萬法郎買下來。」

「眞的？怎麼付款呢？」

「現在立刻用現金付給你。」

英國人從口袋裡掏出一大捆鈔票。波比爾笑逐顏開，說道：

「這不太好吧？將來你或許連六分之一也收不回來的。」

「沒關係，就當做手續費好了……」

「既然這樣，我就恭敬不如從命了，不過，這手續費可眞昻貴。」

「除了買下債權外，我還有一件事想請你幫忙，聽說你是現任的刑務檢察官……」

「是的，至少當了有十四年了。」

「那麼，你手邊應該有囚犯的檔案。老實說，我是在羅馬由一個神父撫養長大的，有一天，這個神父突然失蹤了，後來聽說是被幽禁在惡魔島上，我想打聽他的消息。」

「那個神父叫什麼名字？」

「法里亞。」

「噢！原來是他。我記得很淸楚，他是在二月時死的，還不到半年呢！」

「你連他是幾月死的都還記得？」

「那是因爲神父死的時候，發生了非常奇怪的事情。」

「什麼奇怪的事情？」

「離神父的牢房約五十公尺的地方，關了一個拿破崙黨的囚犯。這個囚犯在一八一五年，曾經協助那個投機者拿破崙返回法國，名叫艾德蒙•丹迪斯。他不知道使用什麼工具，竟然挖了一條地道直通神父牢房。看到神父死後，他自己鑽到袋子裡，越獄脫逃了。」

「這可眞是冒險，沒有足夠的勇氣是做不到的。」

「不過，一切都非常順利。惡魔島上沒有墓地，死人都在腳上捆重達三十六公斤的沉錘，扔到大海裡去。」

「這麼說，逃走的人淹死在海底了？」

「當然。就這樣兇漢和瘋子一次全都解決了，我們也鬆了一口氣。」說著，波比爾快活的笑了起來，「啊！我扯得太遠了，正經事都忘了。你想看那個神父的檔案吧？」

檢察官收斂了笑容，把英國人帶到另一個房間裡去。

英國人立刻找到了法里亞神父和艾德蒙•丹迪斯的檔案。密告信、審問書、莫雷爾的請願書、威爾霍的意見書等都放置得整整齊齊。他悄悄的將密告信放進口袋裡後，仔細的把審問書看了一遍，確定其中並沒有諾華第耶的名字。莫雷爾的請願書上，則竭力證明丹迪斯對皇帝的忠誠，請求予以釋放。但是這樣的請願書，在第二王政時代，却成了敵人最恐怖的武器。

隨後，他還看到這樣幾行批示——

「艾德蒙•丹迪斯。此人爲略帶瘋狂的拿破崙黨員，曾經協助拿破崙逃離艾爾巴島，必須秘密拘禁，嚴加監視。」

丹迪斯去拜訪成爲湯姆遜公司代理人的刑務檢察官波比爾，要求看檔案資料，將陰謀的證據——密告信悄悄放入口袋裡。

批示下又寫著「無可赦免」這樣幾個字。英國人將檔案上的字跡比對之後，確認這是出自威爾霍之手。

15 瀕臨破產的公司

知道莫雷爾公司從前繁榮景況的人，看到現在竟然變得這樣蕭條，一定會大吃一驚的。職員只剩下兩人，一個是跟莫雷爾的女兒茱麗相戀的埃瑪紐耶•雷蒙，另一個是擔任會計的單眼失明老人柯克勒斯。

莫雷爾的逆境接連不斷，這個月他也四處奔波，妻子和女兒的首飾，以及略有價值的家具雜物全都典當賣盡，總算彌補了虧空。莫雷爾公司的信用雖然暫時保住了，但是金庫裡卻已經空無一物，而這個月十五日以前必須償還的債務還有好幾筆。現在碩果僅存的埃及王號成了他唯一的希望，可是一起前往印度加爾各答的船隻，早在兩個星期前就已經抵達，而埃及王號卻依然沒有任何消息傳來。

自稱是湯姆遜公司職員的英國人，跟波比爾處理完商務後，第二天就來莫雷爾公司拜訪。英國人在單眼的柯克勒斯引導下，登上樓梯時，跟一個十六、七歲的美麗姑娘擦身而過。

「你是從湯姆遜公司來的吧？」

莫雷爾臉色蒼白，前來迎接客人。

「是的。敝公司這個月和下個月必須在法國支付三、四十萬法郎。我們知道你是誠實守信的人，所以取得了有你簽名的支票，希望你能依照支票上的日期，逐一付款給我們。」

莫雷爾聽了，忍不住發出一聲嘆息。

「你有幾張我簽名的支票？」

「這是從刑務檢察官波比爾那裡取得的二十萬法郎支票，你承認必須支付波比爾這筆款項吧？」

「是的，我承認。」

「你要怎麼支付呢？」

「這個月十五日付一半，剩下的一半，下個月十五日付清。」

「巴斯卡公司和瓦爾德公司的，共有五萬五千法郎。」

莫雷爾的臉，血色盡失。

「我父親經營莫雷爾公司三十五年，傳給我也有二十四年了，我們父子所開出的支票，從來沒有一次是空頭的。」

「是的，這我也知道。不過，恕我冒昧，這次你確信沒有問題嗎？」

「我不想隱瞞，我的希望全都寄託在即將返航的埃及王號上。」

「萬一出了意外呢？」

「那我就走投無路，只有宣布破產。」

這時候，門口突然起了一陣騷動，傳來了慌亂的腳步聲，還有尖銳的驚叫聲。不一會兒，門打開了，茱麗滿臉淚痕，衝了進來，撲在父親懷裡。

「爸爸，請原諒我帶來不幸的消息，埃及王號沉沒了！」

「什麼！埃及王號沉沒了？船員呢？」

「都平安無事，被別的船隻救起來了。」

莫雷爾聽了，揮舞著雙手說：

「太好了，只有我一個人受到損失而已。」

看到這情景，連神情冷酷的英國人眼睛裡也浮現出了淚光。

莫雷爾話還沒有說完，莫雷爾夫人就用手帕按著臉推開門走了進來，後面跟著埃瑪紐耶，還有七、八個上身赤裸的船員。

「貝隆，你來這邊，把詳細情形告訴我。」

那個被赤道的太陽曬得全身通紅的老船員，摘下帽子，向前走去，先說船長因爲生病，留在義大利的帕爾瑪治療。接著說明船在海上遭遇暴風的經過——

「船整整顛簸了十二個鐘頭，隨後船終於開始浸水，每一個小時約增加兩英吋，怎麼舀也來不及。最後船長說：『莫雷爾先生不會責備我們的，我們已經盡力了。船既然無望，就應該救人。大家都到小艇上去！』……我們八個人很快上了小艇，船長說他要跟船同歸於盡。就在千鈞一髮之際，我們硬把船長拖進了小艇。這時候，船發出一聲巨大的聲響，就船頭朝下沈到海底去了。我們都那麼喜愛埃及王號，眼看它沉下去，心都快要碎了。……我們在海上漂流了三天，沒有喝一滴水，渴得奄奄一息，幸好遇見別的船隻經過，這才獲救了。」

「你們做得很好，」莫雷爾說，「這也全都是神的旨意。現在我得把工資付給你們，柯克勒斯，給這些勇敢的人，每人兩百法郎。其實我想再給每人兩百法郎獎金的，但是，莫雷爾公司已經沒有錢了。」

貝隆回到同伴那裡，不知在商量什麼，隨後又走回來說：

「我們商量好了，大家都說只要五十法郎就夠了。」

「你們眞是太善良了，我不知道要怎樣感謝你們才好，不過，請你們把錢收下吧！還有，請你們各自去找更好的工作，祝你們幸福！」

「什麼？你要解雇我們？難道我們有什麼地方讓你感到不滿意嗎？」

「不是的，即使我想雇用你們，我也已經沒有船了，而且也沒有錢可以再造新船。」

「沒有錢還付工資給我們，那不是更困難了嗎？」

說著，貝隆要把錢遞還給莫雷爾。

「請你們不要再給我增添心頭上的負擔了，」莫雷爾感動得聲音哽咽，「要是我時來運轉，我會再去叫你們的，到時候請你們一定回來。」

船員都走了之後，莫雷爾對妻子和女兒說：

「我和這位先生有話要談，妳們避開一下。」

女兒出去的時候，用哀求的眼光看著客人，客人則報以微笑。

「怎麼樣？」莫雷爾說，「你已經都看到了，我沒有什麼可說的了。」

「我知道，不過，我想助你一臂之力……願意讓你延期付款。」

「眞的！」莫雷爾又驚又喜，說道，「延多久呢？兩個月嗎？」

「就延三個月吧！今天是六月五日，這些支票都改成九月五日，九月五日上午十一點，我會再來登門拜訪。」

「我等你來，到時候要是無法付清，我也不會再活下去的。」

最後一句話低得客人幾乎無法聽清楚。英國人告別後，在樓梯上又碰到了茱麗，她假裝下樓，其實是在那裡等他的。

茱麗雙手合十，露出懇求的神情。

「小姐，」客人停住腳步說道，「不久，辛巴達水手會寄給妳一封信，請妳依照信上所寫的去做，一定會有好結果的。」

「我發誓一定實行。」

「小姐，再見。希望妳永遠像現在這樣溫柔、清純。妳和埃瑪紐耶一定會生活得很幸福的。」

茱麗的臉頰現出了紅暈。客人來到中庭，看到依然留在那裡，捨不得離去的貝隆，就說：

「你跟我一起來，我有話要對你說。」

16 乍現奇蹟

由於湯姆遜公司把支票的期限延緩，使得莫雷爾一家人暫時鬆了一口氣，但是，莫雷爾不明白，做生意本來就是看準對方的弱點，速戰速決的，而這個英國人為什麼對他這樣親切呢？

只是，莫雷爾的船已經全數盡失了，根本湊不出錢來，他想去請求巴黎的道格拉斯協助，就坐上馬車去了。因為有莫雷爾的提拔，道格拉斯現在才會那麼富有，而且他以前也受過莫雷爾多方照顧，現在借一點錢應該沒有問題的。

可是，道格拉斯不但不肯借錢，而且一看到莫雷爾就把他趕走。

莫雷爾回到家裡，並沒有顯得特別沮喪，只是把自己關在三樓的房間裡。母親和女兒都喃喃說道：

「這次的難關恐怕撐不過去了。」

茱麗已經寫信通知正在服役的哥哥，但是到現在還沒有回來。

莫雷爾翻開帳簿，清點所有的現款，只有一萬四千法郎，要付給湯姆遜公司二十八萬多，連十分之一都不到。莫雷爾走到樓下，跟家人很親切的談了一陣話，隨後就要回到自己的房間。茱麗想跟去，父親說：

「妳去陪母親。這是命令！」

父親從來沒有下過什麼命令的，茱麗不禁楞住了。這時候，她忽然感覺到有兩隻強壯的手臂抱住自己，有人在她的額頭上吻了一下。她掙脫開來，回頭一看，原來是穿著少尉軍裝的哥哥馬克西米。

「茱麗，快去通知爸爸，說哥哥回來了。」

母親提醒了她，她馬上跑出房間，就在她要奔上樓梯時，看到一個人拿著信走了過來。

「茱麗‧莫雷爾小姐……」那個人說。

「我就是，有什麼事嗎？」

「請妳看這封信。」

茱麗趕緊撕開信封，取出信來，只見上面寫著——

妳到梅蘭路十五號向管理員索取六樓的鑰匙，進去裡面拿放在壁爐台上的一個紅色大錢包交給妳父親。請妳務必在今天十一點以前完成。另外，妳得親自去，因爲管理員是不會把鑰匙交給別人的。

茱麗忍不住欣喜雀躍，她正想問清楚緣由，但是那個人却早已經不見了蹤影。那個英國人果然實現了諾言！雖然她認爲一定會有很好的結果，但心裡還是充滿了不安，不過，她隨即下定了決心，向梅蘭路奔去。

另一方面，茱麗的哥哥馬克西米從母親那裡得知詳情後，大吃一驚，急忙衝進父親的房間裡。莫雷爾慌慌張張的把兩支手槍藏起來。

「爸爸，到底怎麼了？」

「馬克西米，你也是男人，一定能了解的，你聽我說……」

聽父親說完，馬克西米說：

「這麼說，再過三十分鐘，莫雷爾家的名譽就要掃地了？」

「是的，我打算用血來洗清恥辱。」

「爸爸，我懂了。既然這樣，手槍你用一支，我用一支……我也是知恥的。」

莫雷爾按住兒子的手。

「不行，你不能死，你要活下來，照顧母親和妹妹。快十一點了，你下去，要是湯姆遜公司的人來了，就讓他進來。」

兒子出去後，莫雷爾把手槍裝上子彈，看到時鐘正指向十一點，就拿起手槍抵住太陽穴。

這時候，茱麗的叫聲傳來了，莫雷爾不知不覺放下了手槍。

「爸爸，我們得救了！」

茱麗手裡不知揮著什麼紅色的東西，奔了進來。

「什麼得救了？」

莫雷爾問道，看到女兒遞過來的東西，忍不住大吃一驚。那是從前自己用過的錢包！而且裡面還放著已經付清的二十八萬七千五百法郎的支票，另外更有一顆光燦燦、亮晶晶的大鑽石！一張字條上寫著：「給茱麗的結婚費用。」

「這到底是怎麼一回事呢？」

莫雷爾驚叫了起來。這時候，埃瑪紐耶一邊從樓梯衝上來，一邊用最大的聲音叫道：

「莫雷爾先生！埃及王號！埃及王號！」

「你說什麼？埃及王號怎麼了？」

「埃及王號進港了。」

「你是在做夢吧？那是不可能的。」

但是，陸續又有人來告訴莫雷爾說埃及王號進港了，他再也坐不住了，走到外面去。果然，街上的人都在喊：「埃及王號！埃及王號！」他看到碼頭上有一艘跟原來的埃及王號一模一樣的船，船身上用白字寫著：「馬賽•莫雷爾父子公司」，下了錨，正在降帆，船上還載滿了貨物。

船長戈瑪爾在甲板上指揮，大副貝隆則對著莫雷爾做手勢，再也不必懷疑了，莫雷爾父子高興得相擁而泣。有一個人一直站在碼頭管理員屋子的陰影下看著他們。

「純潔高尚的人，祝你永遠幸福，這是你善心的報酬。」

這個人也高興得露出了微笑，隨後，他低聲喚道：

「傑柯波！傑柯波！」

於是，一艘小艇像箭一般划了過來，那個人坐了上去，小艇一直划到海灣上的一艘華麗遊艇旁，跳上遊艇後，他望著臉上掛著喜極而泣淚水盈眶的莫雷爾，跟碼頭上的每一個人握手，若無其事的喃喃說道：

「恩人，再見了。我已經代替神報答了好人，從現在起，我就要代替復仇之神，一一懲罰那些壞事做盡的惡棍了。」

他做了一個手勢，遊艇立即全速向前滑行而去。

17 辛巴達水手

一八三八年年初，兩個巴黎上流階級的青年，來到了義大利的佛羅倫斯。一個是亞爾培・德・莫塞爾子爵，另一個則自稱佛朗茲・第比內男爵。兩個人計劃今年的狂歡節要在羅馬度過。

因爲離狂歡節還有幾天，亞爾培就到拿坡里去旅行。佛朗茲則臨時起意，想到拿破崙等待復出機會的艾爾巴島去看看。

一天晚上，他僱了一艘船，到了艾爾巴島，叫船在岸邊繞一圈，讓他獵鷓鴣，但是只打到兩、三隻而已。

「我知道一個好地方，可以打到更多的獵物，」船長說，「就是那個基度山島。」

「可是，我沒有那個島的狩獵許可證。」

「有什麼關係？那是一個無人島。」

「那裡有什麼呢？」

「有好幾千隻的山羊。」

「就到那裡去吧！」

船改變了方向，船長說：

「不過，我要先說清楚，聽說那裡是走私者和海盜的天堂。」

「眞的？」

「義大利的山賊，在教宗雷奧十二的掃蕩下，已經完全滅絕，但是現在在羅馬郊外，旅人也依然飽受威脅。海盜也是一樣，要是船隻久久不見進港，如果不是遭遇海難，就是被海盜洗劫了。那些海盜總是趁著夜黑風高，躲在無人島的陰影下，就像山賊隱在森林裡攔截過往馬車一樣，看到貨船來就一擁而上，將水手捆綁起來，再繫上重達二十四公斤的鐵塊，沉到海底去。」

船長這一席話幾乎讓年輕男爵嚇破了膽，但是他不願被當成膽小鬼，就硬著頭皮說：

「要是有海盜，那就更有趣了，傳聞是眞是假，只有親自去看看才會知道。」

船離基度山島還有十五海哩，這時候，太陽正往科西嘉島那邊沉墜下去，海面籠罩在蒼茫的暮色裡。大約過了一個鐘頭，在島上岸邊的陰翳裡，出現了一閃一閃的火光。

「有人在燒火，大概是要告訴同伴自己在哪裡。不是走私者，就是海盜。」

佛朗茲嚇得臉色蒼白，船長下令船頭轉向，繞了一大圈後再向島上靠過去。隨後帆降了下來，船也停住了。沒有一個人出聲，船長脫下身上的衣物，手指按在唇上，示意大家不要說話，接著向岸上游去。

佛朗茲驚恐不安，手一直緊緊握住手槍，過了半個鐘頭，船長游回來了，告訴大家說：

「是西班牙的走私者和科西嘉的山賊。」

「他們怎麼會在一起呢？」

「這沒有什麼好驚訝的！山賊在陸地上被憲警追得走投無路，像我們這樣重情義的人，當然會伸手救援的。那些山賊也都是知道感激報恩的，就這樣湊在一起了。」

「眞是叫人吃驚，原來你也從事走私。」

「爲了生活，沒有什麼事情是不能做的。」

「這麼說，你跟基度山島上的人是同一伙的了？」

「是的，一點兒也沒有錯。」

「雖然你說那裡也有山賊，不過我們到島上去是不會有危險的了？」

「走私者絕對不是盜賊，山賊也不全是壞人，有的人只是爲了報仇才殺人，就被人當成罪無可赦的惡棍，這太不公平了。」

說著，船繞過一塊大花崗岩，眼前立刻出現了一堆熊熊燃燒的火，有五、六個人圍著那堆火。水手們大聲唱起歌來，船對著碼頭駛過去。

一聽到歌聲，圍著火堆的人立刻站起來，其中一個人跑過來問道：

「你是什麼人?」

「喜歡旅行的法國人。」佛朗茲回答道。

那個人聽了,又走回去,跟同伴們低聲商量了一陣,隨後叫了一聲「沙戈莫迪」。

「沙戈莫迪」是義大利話,意思是「請到這邊來」。

大家都鬆了一口氣,走到火邊,這才看清楚原來那些人是在那裡烤山羊肉。一陣令人垂涎的好聞香味,對著佛朗茲撲鼻而來。這時候,先前不知到哪裡去的船長悄悄的走了回來,對佛朗茲說:

「首領得知你是法國人,想邀請你一起用餐。」

「眞的?這個首領倒也通情達理,我自己帶食物去吧!」

「不必了,那邊食物多得吃不完。但是,有一個條件。」

「什麼條件?」

「就是到達那裡之前,必須蒙住你的眼睛。」

佛朗茲心頭一驚,全身忍不住哆嗦起來。不過,這一哆嗦,反而讓他鼓起了勇氣,決定去探個究竟。他問船長:

「那個首領到底是什麼人呢?難道是走私集團的大頭目嗎?」

「不是的,他非常有錢,經常搭乘豪華無比的遊艇周遊世界。聽說他在島上的洞穴裡,蓋了一座大宮殿，平常就住在這裡。」

「簡直就像童話般神奇，總之，去看看吧！」

火堆旁的一個人用手帕蒙住佛朗茲的眼睛，隨後在兩個人的扶持下，大約走了一公里。佛朗茲發現自己走進了一條地道，周圍的空氣清新冷冽，頭上有水滴般的東西落下來。再走一段路，空氣就變得暖和而溫馨，並且還飄來令人神清氣爽的香味，腳下已經不是堅硬的岩石，而是又厚又軟的地毯。

「歡迎光臨，請把手帕解下來。」

佛朗茲聽到非常流利的法語，解下手帕，不覺吃驚得睜大了眼睛。他看到面前站著一個四十歲左右的男人，戴著鑲藍綢帽沿的紅色土耳其帽，身上是繡金線的黑呢絨外衣和深紅色的燈籠褲，下面則是黃色的皮靴，腰上配著裹上絲絹的短劍。容貌端正，臉色蒼白，冷冷射出的眼光有如針一般尖銳。

還有更讓佛朗茲吃驚的呢！只見整個房間掛滿了綴著金花的深紅色土耳其幕帘，牆壁上飾著一柄鑲滿寶石的阿拉伯長劍，下面有一把宛如皇帝寶座的椅子，腳下則是幾乎淹沒足踝的柔軟地毯。

「請放輕鬆，隨便坐。若是詢問本名恐怕不敬，所以我只報出在這裡使用的化名。我是辛巴達水手。」

「那麼，」佛朗茲回答說，「我就是阿拉丁，很不巧，今天我沒有帶神燈來。」

「阿拉丁先生，都是家常便飯，請不要客氣，已經準備好了，到這邊來吧！」

說著，僕人拉開帘幕，辛巴達帶領阿拉丁進入餐廳。這間餐廳全部用大理石砌成，豪華不輸客廳。

美味佳餚更是叫人眼花撩亂。有科西嘉鶇鳥搭配的烤雉雞肉，香噴噴的醃山豬肉，蒙古風味的燉嫩山羊，還有巨大的比目魚，以及活蹦亂跳的龍蝦，都用晶瑩雪亮的大銀盤盛在桌上，旁邊則擺著優雅精美的日本小瓷盤。在一旁侍候的是名叫阿里的僕人。

「這個僕人有一次不小心迷路闖進了突尼斯王的宮殿，就要遭受斬首時被我搭救下來，所以他對我忠心耿耿，矢志奉獻。坐下來吧！請不要客氣，盡量多吃，餐後，阿里會為我們端來最可口的甜食。」

看到主人談笑風生，和藹可親，佛朗茲也不禁感到舒暢無比，覺得自己就像在接受東方的王侯貴族招待晚宴似的。

「辛巴達先生，你經常外出旅行嗎？」

「是的，旅途勞累過後，就回來這裡，享受悠閒的生活。」

「眞叫人羨慕，常常去巴黎嗎？」

「很慚愧，巴黎還沒去過，我打算不久的將來去看看。」

「若是我們能在巴黎見面，那就再好不過了。受到你這樣熱情的款待，我也想表達一下自己的心意。」

暢談之間，用餐完畢。最後阿里送來甜食，他畢恭畢敬的把一個鍍金的杯子端在客人面前，裡面是略呈綠色有如果凍般的東西。

「你看得出來吧？」主人說，不過，佛朗茲從來沒有看過這東西。「這是長生不老果，是仙人為了拜訪夢幻的國度所吃的東西。吃過之後一個鐘頭，你就會覺得自己彷彿成為世界之王了。」

主人說著，就用小茶匙舀起，半閉著眼睛，慢慢品嚐，佛朗茲也舀起一匙送進嘴裡。

「嗯，我覺得不怎麼好吃嘛！」

「大概你還不習慣吧！請到隔壁房間去喝咖啡。」

隔壁是圓形的房間，擺了幾張大躺椅，所有的家具上都舖著柔軟的動物毛皮。他們在躺椅上舒服的伸展開四肢。

才說了兩、三句話，佛朗茲就進入了夢境，他覺得自己背上長出了翅膀，飛了起來。他的眼前出現了水平線，一艘船彷彿鑲滿了寶石，燦爛耀眼，船中傳出歌聲向他划來。音樂是那樣的清脆悅耳，空氣是那樣的甜美甘洌。他輕盈的飛進船裡，三個美如天仙的少女對他展露出花朵般的微笑，他快樂得身體彷彿快要融化了，到最後，他已經不知道自己置身何處了。

18 大頭目克庫梅特

佛朗茲清醒過來時，雖然還感到有些昏昏沉沉的，但是他仔細一看，發現自己並不是躺在宮殿裡，而是在一堆枯草上。他站起來向在那邊大說大笑的水手們走過去。船長看到他，立刻跑過來說：

「辛巴達殿下要我代替他向你致歉，殿下臨時有急事，必須出遠門一趟，來不及跟你道別就出發了。」

「這麼說，昨天晚上的情景不是做夢了？」

「當然不是做夢。你看，那艘揚帆飛馳的遊艇就是——」

就在佛朗茲抬起頭看的剎那間，辛巴達所乘的遊艇就在視野裡消失了。為了確定並不是做夢，佛朗茲叫船長點燃火把，想要找出魔幻宮殿的入口，但是他整整找了兩個鐘頭，卻還是徒勞無功。

佛朗茲帶著這有如夢幻般的回憶，乘船到了好友莫塞爾子爵在等待他的羅馬。

羅馬的大街小巷全都充滿了狂歡節的氣氛，到處都是洶湧的人潮，沒有一家旅館不客滿，面對遊行隊伍通過的二樓和三樓房間價格暴漲，但也全都被訂購一空。佛朗茲好不容易才憑著記憶，找到亞爾培所住的旅館。

「太糟糕了，與其在這裡人擠人，還不如到威尼斯去，坐在小船上看狂歡節活動的好，不管再怎麼託人說情，到現在還是租不到一輛馬車。」亞爾培一看到佛朗茲，立刻就抱怨道，「不過，到時候一定會有辦法的——有錢能使鬼推磨，我不相信這個世界上還有什麼事情是不可能達成的。」

果然正如亞爾培所說的，第二天，他就用高價弄到了一輛馬車。雖然是很簡陋的出租馬車，但是在這三天的慶典活動中，就不必勞累自己的兩條腿去奔波了。他興匆匆的，打算駕著馬車去圓形競技場參觀。

旅館老闆聽他說要去圓形競技場，就問他回來打算經過哪一條路。

「我打算從波勃門出去，繞著城壁看一圈，再從聖・喬班尼門回來。」

「不行，那條路太危險了。」老闆急忙阻止他。

「危險？爲什麼呢？」

「因爲著名的路易吉・龐巴經常在那裡出沒。」

「路易吉・龐巴是誰？」

「你不知道嗎？那麼我就告訴你吧！龐巴是近來罕見的大山賊。」

「哈哈哈……老闆，你等等，在你說之前讓我先鬆開一下腰帶，免得我把腰帶笑斷。」心高氣傲，不把一切看在眼裡的青年貴族亞爾培笑得前仰後合。老闆只好對看起來比較穩重的佛朗茲說：

「我不是開玩笑，這是眞的，出波勃門很簡單，可是要到達聖•喬班尼門就非常難了……」

「就這樣吧……」亞爾培打斷老闆的話，對佛朗茲說，「我們來一次會讓人捏一把冷汗的冒險行動如何？說不定可以把路易吉•龐巴生擒活捉回來，獻給教宗，這樣我們就會成為羅馬的大英雄，到哪裡去都受人歡迎，不是很有趣嗎？」

老闆努力忍住怒氣，提醒佛朗茲說：

「總之，遇上山賊時，絕對不要反抗，才能保全自己的性命。」

「你說什麼？」亞爾培大聲叫道，「要乖乖的讓山賊搶？」

「那裡至少埋伏了二十個人，專門對付不想活的傢伙，再怎麼反抗也是沒有用的。」

佛朗茲從基度山島的經驗知道山賊的實力不可以輕忽，決定要說服亞爾培，讓他打消出遊的念頭。他向老闆詢問山賊的詳細情形。

「那個名叫路易吉•龐巴的山賊，是怎樣的一個人呢？」

「我和小時候的路易吉是好友，現在他大約二十二歲，有一次我甚至還被他捉住了，不過知道我是他小時候的熟人之後，當然沒有搶我的錢，同時還告訴我分別以後的狀況，並且送給我一個非常精美的懷錶做紀念。」

「懷錶？如果可以的話，我們坐下來喝一杯，你把他的身世說給我們聽吧！」

雖然亞爾培剛才的態度很蠻橫，不過老闆還是答應了。他們在旅館大廳坐下來，老闆的敍述如下——

……路易吉・龐巴六歲時，到羅馬郊外聖・菲理查伯爵的農莊牧羊。他跟在附近村子裡主持彌撒的神父很要好，每天都在路旁，由神父用木棍在地上寫字教他。同時他也跟爲塞爾維德里男爵牧羊的孤女泰麗莎是好朋友，他們常常在一起玩耍，也讓兩家的羊混在一起嬉戲。龐巴性格堅毅，如果有人看不起他，他一定毫不留情的予以報復，但是他對泰麗莎非常溫柔。

龐巴十二歲的時候，經常有狼從薩比努山下來襲擊羊群，伯爵的管家就給龐巴一支槍，要他用槍保護羊群。龐巴得到渴望已久的槍，欣喜若狂，每天都廢寢忘食的不斷練習，終於成爲射擊高手，從來沒有讓獵物逃脫過。

又過了幾年，龐巴長成十七歲的俊秀青年，泰麗莎也十六歲了，是那附近一帶最美麗的姑娘。他們絕對不會說出我愛你之類的話語，但是兩人只要一天沒有見面，就覺得彷彿再也活不下去似的。

當時，盤踞勒匹尼山的山賊克庫梅特名聲家喻戶曉。羅馬附近的山賊從來沒有根絕過，而以克庫梅特的勢力最爲龐大。世人都知道克庫梅特手段殘忍，殺人不眨眼，對他繪聲繪影，甚至把他當成了英雄。

有一天，克庫梅特擄走了一個少女，帶回巢穴。少女是家財萬貫的商人女兒，克庫梅特寄出恐嚇信給少女的父親，要求拿出巨款贖人。克庫梅特的部下中有一個青年是少女的情人，青年向首領表明自己和少女的關係，請求首領釋放少女。

克庫梅特雖然答應青年的要求，但是少女貌若天仙，他說自己要娶少女為妻。青年一句話也沒有說，就從首領面前退下去了。過了片刻，別的部下要去帶少女過來，看到少女倒在地上，不禁失聲驚叫，原來少女的左胸刺進了一把短劍，鮮血淋漓。

依照約定的時刻，少女的父親帶著贖款來了，首領把父親帶到放置少女屍體的地方。只見一個青年讓少女的頭枕在自己膝上，緊緊抱住她。

「天啊！」

年老的父親看到女兒臉色蒼白，渾身是血，忍不住大聲叫喚起來。

「克庫梅特要奪取小姐的貞操，我深愛小姐，不願見到小姐的純潔被玷污，所以把小姐殺了。請你替小姐報仇吧！」

青年拔下刺進少女心臟的短劍，交給老人，隨後挺起自己的胸膛，準備迎接短劍刺過來。

「你做得很好，我的孩子！」

老人低聲說道，緊緊握住青年的手。他們找來一柄鶴嘴鋤，把少女埋葬在一棵橡樹下。

第二天，那群山賊出發到另一個地方去躲藏，出發前，青年發現老人吊死在少女墓旁的橡樹上。青年對著老人的屍體發誓報仇。過了兩天，山賊和羅馬憲警發生了一場戰鬥，當時那個青年被人從背後放冷槍打死了，人們都說是克庫梅特懼怕青年報仇，因而伺機偷襲青年的。龐巴也聽到了這個傳聞。

19 羅馬的山賊

這一年，龐巴二十歲，泰麗莎十九歲。有一天，他們正在一起牧羊時，突然聽到兩、三聲槍響，隨後從森林那邊跑來一個人，對他們說：

「有人在追趕我，請你們把我藏起來。」

牧羊人和農民都認爲山賊是站在窮人這一邊的，所以龐巴二話不說，立刻就把那個人帶到岩穴裡去，再用枯草遮住。不一會兒，他們就看到四個騎馬的憲兵衝了過來，問他們有沒有看到一個人從這裡跑過去。龐巴搖搖頭說沒有看到。其中一個人很懊惱的說：

「眞氣人，那傢伙是克庫梅特，竟然給他溜了。」

「克庫梅特！」

龐巴和泰麗莎都叫了起來。

「是的，逮到他可以獲得一千耶基的獎金，你們要是幫忙我們找到他，也能分到一半。」

憲兵說完，就急忙往別的方向奔去了。看到憲兵遠去，克庫梅特立刻從岩穴裡鑽出來。這個有如蛇一般陰險狡猾的男人，馬上就被泰麗莎的美貌迷住了，心中暗思總有一天要把她擄來，也沒有表示謝意就走了。

當時正好是狂歡節前夕，伯爵家舉辦非常豪華的晚宴，龐巴很想讓泰麗莎見識見識這難得一見的盛況。他獲得了伯爵的許可，邀請泰麗莎也來參加。在場的那些花花公子，一看到泰麗莎，都紛紛爭相請她共舞，雖然泰麗莎身上穿的是寒酸的破舊衣服，但是她的美依然壓倒群芳。龐巴心裡想要是讓泰麗莎穿上貴族小姐的衣裳，一定會美若天仙的。龐巴腦海中一浮現出這樣的念頭就再也抑制不住，終於在那天晚上夜闌人靜之後，放火燒掉伯爵家，搶走美麗的衣裳就跑了。

第二天早上，龐巴和泰麗莎在森林入口見面。龐巴把泰麗莎帶到岩穴裡。看到石塊上放著燦爛奪目的晚禮服，以及珍珠項鍊和鑽石別針，泰麗莎高興得又蹦又跳。泰麗莎換衣裳的時候，龐巴走到外面去。這時候，有一個旅人騎著馬走過來，說他迷路了，龐巴告訴旅人該怎麼走，旅人拿出幾枚錢幣要給龐巴，龐巴說他不是爲了錢才告訴旅人路的。

「那麼，你總該會收下我表示謝意的禮物吧？」

說著，旅人拿出兩枚古代的金幣，要龐巴用這個給情人打一個戒指。

「我也送你這個。」

龐巴說著，把自己雕刻的一把短刀送給了旅人。

「謝謝，這麼貴重的東西，我一定會永遠珍惜保存。對了，你叫什麼名字？」

「路易吉・龐巴。你呢？」
「辛巴達水手。」
說完，他們就分手了。
龐巴往洞穴的方向走回去，這時候，他忽然聽到「救命呀！」的尖叫聲，只見一個人撲向泰麗莎，正要把她帶走。龐巴拿起槍瞄準，扣下扳機，那個人立刻直挺挺的趴倒在地，泰麗莎也摔倒了，但是馬上就又站起來。龐巴走近屍體一看，原來是克庫梅特。
龐巴看著全身哆嗦，緊緊擁住他的泰麗莎，不禁哈哈大笑。
「妳換好衣裳了，眞是個美麗的公主，現在該我來換了。」
他走進岩穴裡，再出來時，只見他已經變成了一個英俊瀟灑的年輕公子，穿著石榴紅的天鵝絨上衣，金鈕扣上有美麗的雕刻，絲綢的背心上繡滿了亮麗的花紋，脖子上繫著羅馬式的圍巾，腰上圍著金光閃閃的彈帶，還配著一把短劍。泰麗莎驚訝萬分，目不轉睛的看著情人。
「妳願意跟我走嗎？」
「是的，就是到世界的盡頭去我也願意……」
就這樣，他們有如王子和公主般，手挽著手，向森林深處走去。
他們大約走了一個鐘頭，來到周圍岩山聳立，白天也暗如黑夜的地方。突然間跳出一個人來，用槍瞄準他們。

「站住！不然我就開槍。」

龐巴根本不把對方看在眼裡，他浮現出微笑，若無其事的向對方走去。

「同樣是狼，爲什麼要互相殘殺呢？本人就是路易吉・龐巴，特地來找你們的。」

那個擔任警戒的人，被龐巴的氣勢嚇倒了。

「既然是路易吉・龐巴，那就跟我來吧！」

那個人說著，走在前面帶路，隨後三次發出烏鴉啼鳴般的叫聲，接著傳來了三次相同的叫聲，立刻有二十個左右的山賊，手持武器跳了出來。

「龐巴，你來得太好了，是來加入我們這一夥的吧？」

有五、六個早已聞知龐巴勇猛過人的山賊走出來迎接他。

「我不是來加入你們那一夥的，我是來當你們的頭目的。」

這簡直是在開玩笑，所有的山賊都捧著肚子，笑得東倒西歪。但是龐巴說他已經打死了克庫梅特，並且把證據拿給他們看，所有的山賊都嚇得臉色發青，全身冒冷汗。就這樣，一個鐘頭後，路易吉・龐巴接替克庫梅特，成爲山賊的首領……

旅館老闆說完，亞爾培冷笑一聲，說道：

「倒有點像小說裡所描寫的冒險故事呢！」

他一點也不相信龐巴有那麼厲害。

「這麼說，那個龐巴現在經常在羅馬附近出沒了？」

「是的。」

「他是怎樣搶劫旅人的呢？」

「說起來很簡單。他把旅人劫走後，只有一天的時間讓旅人付贖金，要是過了一天還付不出贖金，就再等一個鐘頭。一個鐘頭後如果還是沒有動靜，就往旅人頭上開一槍，不然就一劍刺穿心臟，這樣一切就都結束了。」

「怎麼樣？亞爾培，現在你還是執意要看過圓形競技場後，再走城外的夜路回來嗎？」

佛朗茲問道。

「當然！」話既然說出口，亞爾培就不會再收回去。「沒什麼大不了的。」

他已經吃了秤鉈鐵了心了。這時候，車伕探出頭來說道：

「馬車已經準備好了。」

20

圓形競技場

馬車在城裡繞了一圈，對著圓形競技場馳去時，夜幕已經低垂了。

佛朗茲今天聽旅館老闆提起辛巴達水手這個名字，忽然想起他在基度山島遇見的那個人也自稱辛巴達水手，他們難道是同一人嗎？這個辛巴達水手經常在義大利、法國、西班牙海岸出現，濟弱扶貧，受到山賊、海盜、走私者、漁民、農夫的熱烈歡迎，只是誰也不知道他到底是誰。現在這個辛巴達水手似乎和叫做龐巴的山賊走得很近，佛朗茲覺得自己最好還是不要牽扯進去。

淺藍色的月光，從圓形競技場傾塌的窗口射進來，照在鋪石地面上。亞爾培跟隨導遊走下石階，愈走愈遠，他們手執的火炬小得有如鬼火一般，在遠處跳躍。佛朗茲故意一個人落在最後面，這時候他看到最上面的石階出現了一個人影。他睜眼凝視，發現那個人披著大衣，右邊的袖子捲在左肩上，戴著寬邊帽。黑色的長褲和漆皮長靴，在黑暗中閃閃發光。

「讓你久等了，閣下。」

突然傳來一道壓低的聲音，又增加了一個人影。

這個辛巴達水手經常在義大利、法國、西班牙海岸出現，濟弱扶貧，受到山賊、海盜、走私者、漁民、農夫的熱烈歡迎，只是誰也不知道他到底是誰。

「你見我有什麼事呢？」

很顯然的，這是戴寬邊帽的人的聲音。

「貝比諾的死刑已經定在星期二執行。有兩個人要一起處死，但是其中一個可以說是禽獸，殺害撫養自己長大的神父，而貝比諾只是一個牧羊人，如果說他有罪，不過是供應我們糧食罷了，所以無論如何也要把他救出來。」

「你打算怎麼做呢？」

「派二十個人去劫刑場，把他搶出來……」

「聲勢確實浩大，不過，這樣做太引人注目。一切都交給我來辦，我有更好的主意。」

「不知道你有什麼妙計？」

「我送一萬皮亞斯多爾給我認識的一個人，請他把貝比諾的死刑延期到明年，再送一萬皮亞斯多爾給另一個人，請他讓貝比諾越獄脫逃。如果失敗了，你就依自己的主意去做。」

「成功的話，你要怎樣通知我呢？」

「我已經租下洛斯波里樓最旁邊的三個窗戶，死刑若是延期成功，就在兩邊的窗戶掛黃旗，中間則掛上白底畫有紅色十字的旗子。」

「謝謝，如果成功了，以後我就是你的僕人，會盡心盡力報答你。不過，萬一延期失敗了呢？」

「三個窗戶都掛上黃旗，到時候你盡情發揮自己的實力好了。」
後來出現的人，就那樣走過石階消失了，披著大衣的人則把臉覆罩得更密，走進競技場裡去。雖然看不見臉，但是他的聲音非常熟悉。
「我敢肯定，他就是我在基度山島洞穴中所遇到的辛巴達水手。」
佛朗茲喃喃說道。
第二天晚上，亞爾培和佛朗茲去看歌劇。歌劇院是上流階級的社交場所，亞爾培在那裡碰到許多熟人，都一一爲佛朗茲介紹，那些熟人又把更多的朋友介紹給亞爾培。
進入第二幕後，有一場非常精彩的二重唱，佛朗茲正想跟別的觀眾一起喝采鼓掌時，忽然瞥見包廂裡的一個客人，像極了他在基度山島上遇見的辛巴達水手，不由得放下手來，定睛凝視。
佛朗茲心裡想，一定是他沒有錯。回到旅館後，老闆問佛朗茲說：
「你認識住在同一樓的基度山伯爵嗎？」
這時候，亞爾培從旁冷嘲熱諷的說：
「正因爲他，我們才會被擠到又髒又破的儲藏間去睡的。」
老闆笑嘻嘻的回答說：

「確實是這樣的，不過，伯爵說要把馬車的兩個席位，以及洛斯波里樓面對大街，可以看到遊行隊伍通過的兩個窗戶送給你們。」

「怎麼好意思接受不認識的人餽贈呢？」亞爾培猶豫了起來，他問佛朗茲說，「那個基度山伯爵是什麼人呢？」

「大概是西西里島或馬爾他島那一帶的貴族，也許擁有金礦什麼的，總之，非常有錢，而且人品也很高尚。」

這時候，有人敲響他們房間的門，他們應聲回答，隨後一個衣裳華麗的僕人出現了。

「佛朗茲·第比內男爵閣下，亞爾培·德·莫塞爾子爵閣下，我是基度山伯爵的僕人，我的主人基度山伯爵說如果方便的話，明天早上想來拜訪兩位閣下，若是兩位閣下允許，不知幾點來才好？」

「請向伯爵說，我們去見他。」佛朗茲回答道。

僕人走了以後，佛朗茲問老闆洛斯波里樓在哪裡，這時候，他想起昨晚在圓形競技場所聽到的披大衣的人跟另一個人的談話，披大衣的人答應讓死刑犯獲得赦免。那個人和今晚在歌劇院看到的人是不是同一人，明天早上去拜訪基度山伯爵就可以弄清楚了。

第二天早晨，一切都蒙在鼓裡的亞爾培還在睡覺。佛朗茲和旅館老闆閒聊，問他說：

「今天不是有執行死刑嗎？」

光了。」

「你的消息可真靈通，不過，你還是慢了一步，可以看到死刑執行的窗戶，都已經被租

「誰說我要看死刑的？我只要知道犯人的名字和人數，以及處刑的罪名就夠了。」

「一個名叫安特雷•隆德洛，罪名是殺害神父。另一個名叫貝比諾，據說是山賊路易吉•龐巴的同夥。」

跟他昨晚在圓形競技場裡聽到的絲毫不差，毫無疑問的，那個披大衣的人正是辛巴達水手，另一個則一定是山賊龐巴了。

鐘敲響了九點，佛朗茲和亞爾培到走廊對面的基度山伯爵的房間去拜訪。伯爵的房間豪華得令人不敢相信這是在旅館裡。僕人請他們稍候，隨後伯爵出現了，他正是圓形競技場裡那個披大衣的人，也是坐在歌劇院包廂裡的那個人，更是在基度山島上遇見的那個不可思議人物。

「不敢當，不敢當，」基度山伯爵說，「勞駕兩位眞是不敢當。」

伯爵用同樣的熱情招待兩位客人，彷彿完全記不得曾經在基度山島遇見過佛朗茲似的。佛朗茲也認爲不可大意，說出不該說的話，故意裝作不認識，說道：

「伯爵，謝謝你讓給我們馬車和洛斯波里樓的窗戶，但是如果不麻煩的話，波勃洛廣場的窗戶，也想拜託你一下。」

「你稍等一會兒，我叫僕人來問問看。」

僕人聽到召喚，走了進來。

「昨天我吩咐的波勃洛廣場窗戶，弄到手了嗎？」

「只弄到了一個。」

「好，好，一個就夠了。現在你去準備三人份的早餐。」

僕人立刻送上來豐盛的早餐，是道地的法國菜。亞爾培在大快朵頤的當兒，佛朗茲依然不斷觀察基度山伯爵，提出各種問題。

「伯爵，你喜歡看執行死刑嗎？」

「開始的時候覺得噁心，但是看多了以後，總覺得死刑未免太過簡單乾脆了，根本不能彌補犯人所犯下的罪過。」

「我不懂你的意思。」

「比如說，有一個人殺害了你的父親，或是你的母親，或是你的情人——總之，你最親愛的人——讓你心頭淌血，寂寞空虛，痛苦一輩子。可是，即使把那個人送上斷頭台，只要經過幾秒鐘的痛苦，他就可以解脫一切。你想想看，他這一剎那間的痛苦，能夠抵銷你一輩子的痛苦嗎？我覺得再也沒有比這更不公平的了。」

「確實不公平，」佛朗茲說，「不過，另外還有決鬥的辦法可以選擇呀！」

「決鬥嗎？決鬥並不是復仇，如果受到了一點小侮辱，決鬥倒不失是個好辦法，但是，並不能保證決鬥時你一定會獲勝。我覺得要報復深仇大恨，唯一的辦法就是把同樣的痛苦加在對方身上，也就是東方人所說的以牙還牙，以眼還眼……不過，在狂歡節談這樣沈痛的話題，畢竟有些不合適，我們下次再談吧！」

伯爵笑著改變了話題。

21 狂歡節

從波勃洛廣場那裡傳來了群眾的喧鬧聲，夾雜著歡樂、嬉鬧的叫聲。死刑的執行，彷彿爲狂歡節揭開了序幕似的。一群身穿灰色衣服，手持蠟燭的獄吏跟在執行官後面，一個裸露上身，腰上配著短劍，肩上扛著鐵棍的劊子手拉著兩個蒙住眼睛的死刑犯走在後面。貝比諾的腳步沉穩，大概他已經知道將會獲得赦免，安特雷則全身癱軟，在左右兩個教士的攙扶下，好不容易才能勉強前進。

佛朗茲只看到這個光景，就覺得噁心欲嘔，亞爾培則臉色蒼白，只有基度山伯爵依然保持鎮靜。

兩個死刑犯逐漸走近斷頭台。貝比諾是個二十四歲左右的高大俊美青年，臉龐被太陽曬成褐色。安特雷則又胖又矮，一看就知道是個粗暴而殘忍的惡棍。

「就是這兩個人要處死嗎？」佛朗茲問伯爵。

「是的。一個會立刻喪命，不過，另一個會獲救的。」

「一個會獲救？但是，已經沒有時間了呀！」

「你看，宣布赦免的人來了。」

貝比諾正要被帶上斷頭台時，一個官員推開人群，走到執行官身旁，交給他一封信。執行官打開來看，隨後高舉雙手，大聲說道：

「我們要感謝上帝！我們要讚美教宗！有一個死刑犯獲得恩赦。」

「恩赦？」群眾全都叫了起來。

「獲得恩赦的是貝比諾！」

安特雷一聽，立即跳起來嘶喊道：

「爲什麼？爲什麼？爲什麼他獲釋而我却要送死？我不要一個人死！我不要一個人死！」

他推開兩個教士，大吼大叫，拚命掙扎，幾乎要把捆住雙手的繩索扯斷了，劊子手的助手跳下斷頭台制伏安特雷，兩個人在塵土中滾來滾去。

「要殺，兩個人一起殺，我不要一個人死！」安特雷依然大聲嘶喊。

「你們看，」伯爵對兩個青年說，「剛才那個人乖乖的，毫無抵抗，就要走上斷頭台，這是因爲還有一個人陪他死，他感到很安慰。不過，一旦只有同伴獲救，自己却要被殺，他就再也按捺不住了，拚命掙扎、咒罵。人的本性眞是可怕啊！」

劊子手好不容易才把安特雷架到斷頭台上，大約有兩萬名的看熱鬧群眾都異口同聲叫道：「快殺！快殺！快殺！」佛朗茲嚇得往後退，伯爵露出淡淡的微笑說：「仔細看吧！」把佛朗茲推到窗戶的正前方。

劊子手和他的助手將死刑犯按倒在斷頭台上，隨後服從執行官的手勢，後退一步，死刑犯還來不及站起來，左邊的太陽穴上就挨了一記鐵棍，死刑犯有如一頭巨牛般，跌了個四腳朝天，接著劊子手拔出腰上的短劍，以迅雷不及掩耳之勢，跳上死刑犯的肚子上，一劍刺穿了喉嚨。

佛朗茲再也看不下去了，往後跌坐下去，幾乎昏厥。亞爾培則閉上雙眼，緊緊拉著窗帘，只有伯爵表情冷漠的站在那裡。

死刑執行現場清理乾淨後，廣場上只留下興奮激昂的群眾，奇特里昂山上教堂的鐘聲叮噹作響，告訴人們化裝遊行開始了。佛朗茲和亞爾培這才回過神來，在伯爵的催促下，穿上滑稽的服裝，戴好面具，隨後乘上馬車。

波勃洛廣場早已擠得水洩不通，戴著面具的人潮，從四面八方洶湧而來。化裝成小丑、骨牌、騎士、農民等奇怪模樣的人坐在馬車上，用塗滿麵粉的雞蛋和花束互相丟擲，咒罵聲不絕，但是沒有一個人生氣，全都笑得東倒西歪。

途中，伯爵讓馬車停下來，對他們說：

「很抱歉，我臨時有事，先走一步，這輛馬車請自由使用。」

波勃洛廣場早已擠得水洩不通，戴著面具的人潮，從四面八方洶湧而來。

說著，伯爵就下了馬車。馬車繼續向前奔馳，在威尼斯樓前，他們跟一輛馬車擦身而過，那輛馬車上坐著一個身穿鄉村姑娘衣裳的絕世美人，把手裡的花束對準亞爾培擲去。亞爾培得到這樣的花束，高興得抓耳搔腮，連忙拔下一枝花，插在胸前的鈕扣孔上。

隨後他命令車伕，跟在那個鄉村姑娘的馬車後面追過去，但因爲人潮太過洶湧，最後還是追丟了。夜深後，亞爾培一回到旅館，立刻要求老闆說：

「明天早上以前，請爲我做出一套高雅的羅馬農民衣裳來。」

「男爵先生，這是不可能的，不過我可以找來幾套現成的。」

第二天早上十點，老闆果然和裁縫帶著十套農民衣裳，來到他們的房間。兩個青年又驚又喜，找出合身的衣裳。亞爾培把昨天那個鄉村姑娘丟擲給他的花，很顯目的插在胸前。

這一天的熱鬧不在昨天之下。亞爾培趕著馬車滿街跑，到處尋找那個鄉村姑娘的馬車。佛朗茲看到亞爾培迷成這樣，不願意繼續陪他，就在旅館附近下了馬車。

晚上，亞爾培回來時，告訴他一切順利。

「我眞是太幸運了，那樣的美人簡直人間少有。我把馬車趕過去時，她故意讓面具脫落，讓我看清楚了她的臉，從她那身高雅的打扮看來，肯定是上流階級的女人。」

「太好了，也能讓我看看你在羅馬的情人嗎？」

「你從洛斯波里樓的窗戶看好了，明天，我一定帶她從下面的街上走過去。」

第二天，佛朗茲果然從洛斯波里樓的窗戶往下面川流不息的街道睜眼直瞧，看到一個身穿粉紅色綢緞衣裳的美女懷裡抱著一束潔白的茶花，他知道那束花是亞爾培送的，顯然好友的戀愛已經成功了。

那天晚上，亞爾培興高采烈的回到旅館，手裡揮動一張信箋，炫耀的拿給先回來的佛朗茲看——

星期二夜晚，請你在迪•朋第菲契大街前下馬車，跟在鄉村姑娘的後面到聖•傑克蒙教堂的第一級石階上來。你要在衣裳的肩上繫一條粉紅色緞帶。……在那天之前，我不能見到你，請不要忘了。

「如何？」亞爾培驕傲的把鼻子抬得高高的。

「看來非常成功。不過，這個星期二晚上我們已經應邀參加布拉查諾侯爵的舞會，那邊怎麼辦呢？」

「別開玩笑了。現在我滿腦子裡想的只有她，你就隨便替我找個藉口，說我不能參加吧！」

星期二很快就到了，這是狂歡節的最後一個最熱鬧的日子，晚上八點以後就進入四旬齋，在那之前全城將會掀起狂歡的高潮。佛朗茲和亞爾培化裝打扮過後，就駕著馬車到街上去。

下午三點，波勃洛廣場和威尼斯廣場揚起了煙火，告訴人們狂歡節的最後一個活動開始了。於是群眾起了一陣騷動。紛紛奔向賣蠟燭的小販買蠟燭。人們玩熄滅燭火的遊戲，讓自己的生命之火永不熄滅。

晚上，有五萬枝燭火湧向廣場，隨後一朵一朵的被吹滅。到了七點，亞爾培拿著蠟燭，跳下馬車，來到聖·傑克蒙教堂的石階上，那個熟悉的鄉村姑娘走了過來，一下吹滅亞爾培手中的蠟燭，隨後兩人手挽手走遠了。佛朗茲勒住馬車，目送他們離去。

八點的鐘聲敲響時，所有的蠟燭全都吹熄，一年一度的狂歡節就此結束。

22 地下墳場

佛朗茲看看時間，知道已經不早了，急忙趕往布拉查諾侯爵宅邸去參加舞會。侯爵宅邸是全羅馬最豪華的宅邸，這裡的舞會也是整個歐洲注目的焦點。

侯爵一出來迎接佛朗茲，就問道：

「你的朋友呢？」

「七點左右，他跟一個陌生的女人出去，就再也沒有回來。」

「什麼！這怎麼可以呢？他有沒有帶什麼武器？」

「沒有，就穿著一身滑稽的衣裳而已，還說回來的話要來這裡……」

侯爵顯得很不安，一言不發。這時候，一個僕人走過來問道：

「這位是佛朗茲先生嗎？剛才旅館老闆說，有一個人帶著亞爾培子爵先生的信在旅館裡等你。」

「子爵的信？」

佛朗茲再也待不住了，抓了帽子就往外衝，來到旅館前的大街上，一個穿著長外套的人站在那裡，看到佛朗茲就走過來問道：

「你是佛朗茲•第比內閣下吧？」

「是的，信在哪裡？」

「這裡，希望你能馬上回覆，因爲亞爾培子爵先生一定等得心急了。」

那個人堅持不肯進入旅館，佛朗茲連忙撕開信封，只見信箋上寫道——

我的朋友，接到我這封信後，請你立刻拿出我放在抽屜裡的支票，要是不夠的話，麻煩你從銀行領出自己的錢，湊足四千耶基，交給送信的人。

又：我現在終於相信義大利山賊的厲害了。

信箋下方，又有不同的筆跡這樣寫著——

如果明天早晨七點四千耶基還沒有送來，亞爾培子爵就不在這個人世間了。

路易吉•龐巴

情況危急，不容拖延，佛朗茲馬上找出亞爾培的支票，但是只剩下三千耶基，即使佛朗茲把自己的錢湊上，也還是不足八百耶基。他本想立刻跑到布拉查諾伯爵宅邸求救，但是基度山伯爵的身影突然浮現腦際，於是他去找旅館老闆，老闆告訴他伯爵剛回來。

佛朗茲趕緊把信拿給伯爵看，請求他協助。
「山賊要求的贖金，還差多少？」
「還差八百耶基。」
伯爵拉開裝滿了金幣的抽屜說：
「你隨便拿吧！」
「不過，非付錢不可嗎？」
「信上不是寫著不付錢，亞爾培先生就會沒命嗎？」
「我想，只要你出面，路易吉•龐巴一定會放人的……」
「我？爲什麼呢？」
「你救了貝比諾。」
「這件事情，你到底是從哪裡得知的？」伯爵沈默了片刻後說。
「總之，我要跟龐巴見個面，你能陪我一起去嗎？」
「樂意奉陪。」
伯爵和佛朗茲走到外面，只見送信的人還等在那裡。
「咦？你不是貝比諾嗎？」
伯爵說，貝比諾跪了下來，抓住伯爵的手，吻個不停。

「閣下，閣下，我永遠也忘不了閣下的恩情。」

伯爵按著他的手，問道：

「爲什麼亞爾培子爵會被路易吉·龐巴捉走呢？」

「閣下，子爵的馬車好幾次遇見泰麗莎所乘的馬車。」

「他的妻子嗎？」

「是的，子爵好像動了心，泰麗莎覺得很有趣，就把花束擲給他，這也是獲得龐巴的允許的。龐巴化裝成車伕，就坐在馬車上。」

「什麼！路易吉·龐巴就坐在那個鄉村姑娘的馬車上？」

佛朗茲不覺大聲叫了起來。貝比諾說：

「子爵已經被帶到等在聖·塞巴斯丁地下墳場的路易吉首領那裡去了。」

一輛馬車停在旅館門口，佛朗茲和基度山伯爵坐進馬車裡，貝比諾則跳上駕駛台。伯爵出示可以自由進出的羅馬總督許可證，門衛立刻打開城門。

馬車經過格亞畢諾街道，他們下來走一小段路就沿著坡道下到谷底，進入地下通道，貝比諾和另一個夥伴點燃火炬。到處都有步哨監視，走下二十級石階後，通道分成五條，每一條通道兩側都堆滿了石棺，通道盡頭的大房間裡燃著一盞油燈，到處都有槍管閃出陰森森的光芒，山賊都聚集在那裡。

佛朗茲幾乎被這個恐怖的光景嚇破了膽，伯爵把手指按在嘴唇上，示意他不要出聲，隨後又登上三級石階，來到路易吉•龐巴所坐的石椅前時，那些部下一起舉槍，槍口對準他們。

「龐巴，這樣歡迎朋友，未免太嚴肅了吧？」

「把槍放下！」首領一隻手下達命令，另一隻手脫下帽子。「伯爵，眞對不起，沒想到你會找到這地方來。」

「龐巴，你不但忘了朋友的臉，好像連約定也忘了。」伯爵說。

「我違背什麼約定了嗎？」

「你不是說過，我的朋友就是你的朋友，絕對不會傷害他們的嗎？可是，今天晚上你就綁架了我的朋友亞爾培•德•莫塞爾子爵，並且要求支付贖金。」

「你們這些混蛋！爲什麼事先沒有調查淸楚呢？」龐巴轉身對部下吼道，「是哪一個傢伙，讓我對恩人背信忘義的？站出來！我要叫他腦袋開花！」

伯爵把佛朗茲介紹給龐巴，龐巴說：

「眞對不起，你的朋友就在那裡，請把他帶走吧！」

說著，帶他們到拘禁亞爾培的牢裡去。伯爵和佛朗茲跟在首領後面，登上七、八級石階，首領親自開鎖，推門進去，只見亞爾培躺在角落裡，正睡得香甜。

「倒是挺鎭靜的！」

伯爵笑著說。亞爾培聽到人的聲音驚醒過來，一看到佛朗茲，就用依然帶著睡意的聲音說：

「啊！是你呀！錢已經帶來了嗎？」

「起來吧！你已經自由了，由於伯爵的幫忙，還有首領的寬大，你的性命和錢財都沒有絲毫受損。現在趕去參加布拉查諾侯爵的舞會還來得及。」

龐巴親自舉起火炬，把他們送出去，並且好幾次對伯爵行禮致歉，希望他不要怪罪。

第二天早晨，起床後，亞爾培對佛朗茲說：

「我想去向伯爵道謝，請你跟我一起去吧！」

昨天晚上，基度山伯爵伸手握住亞爾培的手時，突然起了一陣不可思議的哆嗦，佛朗茲全都看在眼裡，他認爲其中必有緣故，決定跟亞爾培一起過去看看。

他們在客廳坐下來，亞爾培向伯爵感謝昨夜的救命之恩，並且說如果有他可以效勞的地方，請伯爵不要客氣，儘管吩咐。

「既然這樣，」伯爵說，「老實說，我有一件事想要拜託你。」

「什麼事呢？」

「我對巴黎完全不熟，下次我去巴黎時，希望你能把我介紹給巴黎的社交界。」

「那太容易了。今天早晨我收到信，必須立刻趕回巴黎，大概兩個星期後，我就會在家裡了。」

「那麼，我們三個月後見面吧！現在就可以決定日期嗎？」

「當然可以。」

「今天是二月二十一日，現在是上午十點半，那麼，三個月後的五月二十一日上午十點半，怎麼樣？」

「很好。我的地址是耶爾第街二十七號，雖然是在父親的宅邸內，不過我在花園那邊有自己的一幢房子。」

伯爵把地址寫在記事本上。

「你也一起回法國嗎？」伯爵問佛朗茲。

「不，我去威尼斯。我還要在義大利停留一、兩年。」

「那麼，祝你們一切順利。」

伯爵向他們伸手握別。這是佛朗茲第一次碰到伯爵的手，幾乎吃驚得跳起來。那是一雙冰冷得有如死人般的手。

23

一場午宴

三個月後的五月二十一日上午，耶爾第街的莫塞爾宅邸，已經做好迎接基度山伯爵的準備。

不久，一輛馬車在門口停了下來，僕人報告說內務大臣秘書官德布勒來訪。這是個高大的金髮瀟灑青年紳士，戴著高雅的單邊眼鏡。隨後又來了新聞記者波尚，以及夏德·雷諾男爵和馬克西米·莫雷爾。

「馬克西米·莫雷爾？」亞爾培困惑的皺起了眉頭，「莫雷爾是誰？我不記得曾經邀請這樣一個人。」

夏德·雷諾握住亞爾培的手說：

「既然你不認識，我就把我的好朋友，也是我的救命恩人阿爾及利亞騎兵上尉馬克西米·莫雷爾介紹給你吧！」

身穿軍服，顯得儀表堂皇的馬克西米，優雅的屈身行了一個禮，亞爾培也很親切的致敬回禮。

「夏德‧雷諾男爵，你說莫雷爾上尉是你的救命恩人，能不能把詳細情形告訴我呢？」

「那是我參加阿拉伯戰役時的事情了。當時我的馬死了，我只得徒步撤退。有六個阿拉伯人騎馬追捕我，我打死了四個，但是武器却被剩下的兩個人奪走。他們一個人抓住我的頭髮，另一個人舉起亮晃晃的大刀，我心想這下完了。就在那一瞬間，莫雷爾上尉出現了，轉眼之間，就解決了那兩個人。他不但救了我的命，還照顧我免受飢寒，送給我外套，並且不惜殺死自己的馬，由於有馬肉吃，我才能度過難關。」

「眞叫人敬佩，不過，等用餐時再談吧！亞爾培，宴會什麼時候開始呢？」波尙在一旁插嘴問道。

「十點半開席。老實說，我也是在等一個救命恩人的。」

「誰是你的救命恩人呢？」夏德‧雷諾問道。

「待會兒你們就知道了。」

「他從哪裡來呢？」

「德布勒，其實我也不知道，不過，他一定會來的。」

「會是怎樣的人呢？你不是在騙人吧？」

「怎麼會呢？說出來或許你們會覺得很可笑。今年的狂歡節，我在羅馬被山賊綁架了，關在聖‧塞巴斯丁的地下墳場，被要求支付四千耶基的贖金。你們也認識我的朋友佛朗茲吧？

我寫信向他求救，但是錢不夠，眼看我的性命將不保。那時候，在千鈞一髮之際，救我一命的，正是待會兒就會來的基度山伯爵。」

「基度山伯爵？法國沒有這樣的伯爵呀！」德布勒說。

「抱歉讓我插嘴一下。我常常聽我父親僱用的船員說起基度山島，那是在地中海中央，一個小小的無人島。」馬克西米說。

「對極了！」亞爾培說，「伯爵是那個島的領主，爵位是在杜斯卡納群島買的。分手時佛朗茲對我說，伯爵在島上過著宛如帝王般的生活。」

「簡直就像天方夜譚，佛朗茲一定是被什麼鬼迷住心竅了。」波尙說。

「我不相信世上會有這種人。噢！十點半了。」德布勒說。

這時候，僕人開門進來報告說基度山伯爵已經到達。

在場的人都面面相覷。隨後，門悄無聲息的打開了，伯爵身穿高雅肅穆的禮服走了進來。

「子爵，我遲到了兩、三秒鐘，不過，路太遙遠了，有兩千公里呢！」

「伯爵——」亞爾培回答道，「利用這個機會，我也順便邀請了兩、三位要好的朋友。這位是家世高貴的夏德·雷諾男爵，這位是內務大臣秘書官德布勒先生，這位是名記者波尙先生，這位是阿爾及利亞騎兵上尉馬克西米·莫雷爾先生。」

一聽到莫雷爾三個字，伯爵的臉上似乎浮現出一絲顫慄，但又迅即消失了。僕人來告知宴席已經準備好。

「各位……」大家在席位上坐好後，伯爵說道，「我是個外國人，第一次來到巴黎，完全不知道法國的規矩，我只有在東方生活的經驗，而東方的生活方式，是和具有偉大傳統的巴黎不同的，如果我有失禮的地方，敬請多加包涵。」

「眞是說得太好了！」波尙喃喃說道。

「伯爵一定是名門出身的大貴族！」德布勒回答道。

「伯爵到哪裡去都會受人歡迎的！」夏德•雷諾也說道。

他們談得非常歡暢，伯爵的話題不但豐富，而且有趣，在場的人都陶醉了，幾乎忘了進食。

「伯爵，能夠聽你談話，我眞是太高興了。我告訴他們山賊的故事，他們都對我嗤之以鼻，根本就不相信。」

「我們不是說好，不把那樣微不足道的小事情告訴別人嗎？」伯爵感到有些意外。

「不過，爲什麼那個名叫龐巴的山賊，在你面前會那樣百依百順呢？我覺得非常奇怪。」

「原因很簡單，那個龐巴從前在牧羊時，我曾經向他問過路，但是他後來認不出我，想要綁架我，結果反而被我的十二名手下擄獲。不過我放了他，並沒有把他交給憲警。」

「有沒有附帶再也不要爲害社會這樣的條件？」新聞記者問道。

巴黎的莫塞爾伯爵的宅邸裡，舉辦豪華的宴會歡迎基度山伯爵，賓客們都被伯爵那神秘而不可思議的魅力迷住了。

「沒有，我只是要他不能打跟我有關係的人的主意而已。或許你們這些社會主義者、進步主義者、人道主義者會對我的做法感到奇怪，不過，我認爲並沒有要爲這個無法保護我們的社會盡心出力的必要。」

「我很贊成！」夏德‧雷諾大聲叫道，「能夠聽到有勇氣公然主張利己主義的人說話，我眞是太高興了。」

「可是，」亞爾培說道，「你要在巴黎停留多久呢？本來我應該請你住在這裡的，不過，一來地方狹窄，二來不久我就要結婚了。」

「恭喜你！」

「下次有機會，我再把我的未婚妻尤姬妮‧道格拉斯小姐介紹給你認識。」

「她的父親就是道格拉斯男爵吧？」

「是的，不過只是個新男爵而已。」

「是個偉大的功臣！」波尙從旁插嘴諷刺說，「一八二九年，道格拉斯爲皇上成功的發行了六百萬公債，獲得榮譽勳位團勳章和男爵爵位。他本來應該把勳章塞在口袋裡的，但是却公然掛在上衣的鈕扣孔裡，眞是俗氣死了。」

「喂！喂！波尙，他可是我未來的岳父呢！請你手下留情吧！」亞爾培苦笑著說。

大家都說要爲伯爵在巴黎找一個住處，伯爵說：

「謝謝各位的好意，不過，我已經找到一幢合適的了，這是剛才我的僕人交給我的地址。」
說著，伯爵把手上的字條給亞爾培看，上面寫著——

香榭麗舍大道三十號。

香榭麗舍大道是巴黎最著名的街道。
「怎麼樣？伯爵稱得上是個怪人吧？」
分手道別的時候，亞爾培對夏德•雷諾低聲說道。
「一點也不怪，他是我所見過的人當中，最不平凡的一個人。」
莫雷爾在一旁對伯爵說，自己現在寄居在美樂街十四號妹妹的家裡，因此無法邀請伯爵住在那裡，但是希望伯爵有空能來玩。
「好的，我一定去。你妹妹已經結婚了嗎？過得幸福嗎？」
「是的，九年前結婚的，對方是在我們家最危急困難時，也沒有拋棄我們的埃瑪紐耶。妹妹現在過得非常幸福。」

24 伯爵夫人

別的客人都回去後，只剩下基度山伯爵一個人時，亞爾培說他的父母要親自向伯爵道謝，就把伯爵帶到他父母那裡去。

莫塞爾伯爵年約四十五、六歲，鬍子、眉毛又濃又黑，斑白的頭髮剪得很短，看起來比實際年齡還要蒼老。穿著家常衣服，鈕扣孔上依然掛著勳章。他正是那個卡塔洛尼亞村卑鄙的漁民子弟，在滑鐵盧戰役中出賣拿破崙，因而得以晉升高官，名字也改爲莫塞爾伯爵的費爾南。基度山伯爵自己並沒有向前踏出一步，而是凝視對方，等對方走近過來。

「歡迎光臨寒舍，我們全家人都永遠不忘你的救命之恩。」

莫塞爾伯爵說著，請基度山伯爵坐在扶手椅上，自己則對著窗戶坐下來。基度山伯爵坐下來後，特意把臉隱藏在窗帘的陰影下。

「才剛到達巴黎，就能見到功勳顯赫的你，眞是我最大的光榮。我想你不久就可以晉升爲元帥了吧？」

「不，我已經退掉軍籍，現在在政界發展，二十年來，我一直想從事產業技術方面的研究，只是沒有時間，總是未能如願。」

「正因爲有你這樣抱持崇高理想的人，貴國才會比任何國家都優秀，確實令人敬佩。非常慚愧，做爲一個義大利人，在我自己的國家却沒有可以發展的空間。」

「像你這樣有才華的人，以義大利爲祖國確實太可惜了，法國非常歡迎你。」

談話就在融洽的氣氛下進行，莫塞爾伯爵對基度山伯爵說，現在他要到議會去發表演講，如果旅途並不勞累的話，很樂意邀請基度山伯爵同去。

這時候，亞爾培高聲叫道：

「啊！母親來了！」

基度山伯爵慢慢轉過臉去。

夫人走到門邊，只望了客人一眼，臉色立刻變得蒼白，幾乎喘不過氣來，搖搖晃晃的，用手扶住旁邊的椅子，好不容易才讓自己沒有倒下去。

「怎麼了？房間裡太過悶熱，讓妳感到不舒服了嗎？」伯爵責怪的問道。

「媽媽！妳哪裡不舒服嗎？」

亞爾培跑了過來。

伯爵夫人梅瑟蒂絲勉強露出微笑說：

「不！我沒有不舒服。我只是太感激了，如果沒有基度山伯爵的幫助，或許我們現在都

現在已經成爲莫塞爾伯爵夫人的梅瑟蒂絲，沒想到竟然會跟
從前的未婚夫丹迪斯重逢，吃驚得幾乎要癱倒在地。

要陷入愁雲慘霧之中了。」

夫人說著，有如王妃般端莊的走過來，道謝說：

「謝謝伯爵救了我兒子的命。」

基度山伯爵也很謙虛的屈身回禮，臉上表情非常複雜，他說：

「夫人，這根本微不足道，不必放在心上，我只不過是做了每個人都應該做的事情而已。」

伯爵夫人聽到基度山伯爵這樣溫柔而謙虛的話語，很沈痛的回答說：

「我兒子能夠結交像伯爵這樣的朋友，一定會很幸福的。」

伯爵走近夫人身邊，說要去議會，向基度山伯爵點點頭就出去了。基度山伯爵也要告辭，夫人挽留他，但是他拒絕了，說道：

「巴黎的房子雖然已經找到，但是我還沒有看過，得去一趟才行。」

「伯爵……」亞爾培覺得很惋惜，「請你用我的馬車吧！」

「子爵，謝謝你的好意，不過，我的僕人貝茲第歐應該已經駕著馬車在門口等我了。」

基度山伯爵並沒有說謊，他一在門口出現，一個僕人立刻就從石柱的陰影下走了出來。而當伯爵站在石階上時，馬車就已經在那裡等著主人了。並且那還是著名的格勒爾公司製造的箱型馬車，馬則是名馴馬師德雷克調教出來的昂貴駿馬。

客廳裡只剩下母子兩人時，母親竭力掩飾臉上的痛苦表情，故意裝作若無其事的說：

「基度山伯爵看起來非常卓越。」
「是的，我覺得他沒有一絲缺點。」
「亞爾培，伯爵出生的地方，你沒有記錯吧？」
「是的，我想我沒有記錯。基度山島是地中海上的一個無人島，各國的走私者和海盜都在那裡建立巢穴，或許這些人納稅給伯爵也說不定。」
「伯爵到底幾歲呢？」
「大概有三十五、六歲吧！」
夫人彷彿痛苦難耐，眼睛看著地下說：
「你喜歡他嗎？」
「當然。雖然佛朗茲說他就像從地獄裡回來的人一般，不過，我還是非常喜歡他的。」
夫人聽了，忍不住輕微的顫慄起來。
基度山伯爵的新居，就在香榭麗舍大道轉角的右邊，宏偉的宅邸隱藏在一片茂密的樹林裡。伯爵一下馬車就進入客廳，公證人早已經在那裡等著了。伯爵急急趕回來，為的是他另外在郊區買下的別墅要簽約。
「我要買的別墅在哪裡呢？」

公證人大吃一驚。

「伯爵還不知道嗎？」

「不知道，在哪裡呢？」

「奧特伊，離這裡不遠，在布洛紐森林裡，風景非常優美。」

辦完手續後，伯爵拿起小木槌敲響鈴，僕人貝茲第歐立刻奔了過來。

「貝茲第歐，現在我們去看新別墅，就在奧特伊。」

「我們要去奧特伊？」不知道爲什麼，貝茲第歐看來有些不樂意。

「沒錯。難道你不想去嗎？我是奧特伊別墅的主人，你當然也非去不可。」

貝茲第歐在主人面前顯得無精打采，不過，二十分鐘後，他們兩人所乘的馬車還是到了奧特伊。看門人迎了出來。

「新的主人來了。」車伕說。

「這幢別墅已經賣了嗎？」

「是的。」

「先前的主人五年前就已經沒有住在這裡了。」

「先前的主人叫什麼名字？」伯爵問。

「桑•梅朗侯爵。他有一個女兒，嫁給在馬賽擔任檢察官的威爾霍，不過，這個女兒後來

基度山伯爵所收購的奧特伊別墅。

死了。」

「老爹，借給我們一盞燈好嗎？」

「我替你們帶路吧！」

「不必麻煩了。」

說著，伯爵拿了兩枚金幣送給看門人，就進到別墅裡去。

「這裡有一道小門，可以通到花園裡，我們去看看！」

貝茲第歐走在前面，不斷的唉聲嘆氣，過了一會兒，他就懇求伯爵說：

「老爺，請原諒我，我不敢再前進了。這幢別墅曾經發生過恐怖的殺人命案，我怕被鬼魂報復。」

「哈！你那科西嘉的迷信老毛病還沒有根除嗎？這裡是巴黎，那一套是行不通的。」

伯爵一直走到茂林深處，年老的僕人急得揮手叫道：

「老爺，快回來，那個人就是倒在那裡的……」

「貝茲第歐，你瘋了嗎？一八二九年，從法國旅行回來的布索尼神父叫你帶著介紹信到我這裡來。當時我就聽說你有一段不爲人知的秘密，你到底做了什麼？偷竊嗎？」

「老爺，這太冤枉了。」

「那麼，是科西嘉人特有的剛烈血性讓你做出什麼事情了嗎？」

「是的，我復了仇。」

「對方是誰？看門人說這是桑·梅朗侯爵的別墅，難道你是對侯爵復仇的嗎？」

「不，是別人，不過，除了布索尼神父之外，我不願意說給任何人聽。」

「連你的主人也不願意嗎？那麼好，你回布索尼神父那裡去，我可不想用一個被鬼魂附身的人。」

「啊！老爺，請不要趕我走，我全都告訴老爺，威爾霍殺人的經過我再也不隱瞞你，但是，請老爺一定要保密。」

「威爾霍？就是在尼姆擔任檢察官的那個威爾霍嗎？」

「是的。」

「愈發玄妙了，你快告訴我吧！」

伯爵走到長椅那裡坐了下來。

25 眞相暴露

「事情發生在一八一五年，我有一個哥哥……」貝茲第歐說了起來，內容如下——

我（貝茲第歐）的哥哥是拿破崙近衛隊的中尉，在滑鐵盧戰役中負了重傷，寫信來要我們寄錢過去。我覺得還是自己送錢去要快一些，跟嫂嫂商量後，我就帶著錢出發了。到了尼姆附近時，我才得知在前一天的屠殺拿破崙黨員的行動中，哥哥已經被殺，當然找不到兇手。不得已，我只好向檢察官提出控訴。檢察官一聽我說哥哥是科西嘉大隊的中尉，就罵道活該！不但不找兇手，反而還下令逮捕我。

「既然這樣，我也是一個拿破崙黨員，哥哥被殺，我當然不能忍氣吞聲，總有一天一定會來索命的！」說完，我就跑了，當時的檢察官就是威爾霍。

後來這個檢察官從尼姆調到巴黎，我也追到巴黎來，多方打聽的結果，得知威爾霍常常來這幢奧伊特的別墅。那時候桑·梅朗侯爵已經去了馬賽，一個自稱是男爵夫人的年輕寡婦住在這裡。

一天晚上，威爾霍又來這裡，我就躲在樹蔭下，準備趁機給他當胸一刀。兩個鐘頭後，他出來了，手裡不知拿著什麼東西，我想或許是武器也說不定，就緊張的尾隨在後面。他走到後院去，開始掘地，挖出一個淺坑後，他就把裹在外套下像是個四方形箱子的東西拿出來，放進坑裡，用土覆上。

這時候，我立即飛撲出去，一刀刺進他的胸口，他沒有任何掙扎，就倒下去斷了氣。我把他挖的坑再一次掘開，取出箱子，然後把他推進坑裡，覆上土，就頭也不回的逃走了。

一個鐘頭後，我到了河邊，望著手裡的那個不知裝了什麼東西的箱子，打開來一看，忍不住大吃一驚，原來是剛出生不久的嬰兒，還活著。我原本就很喜歡小孩子，當然不忍心丟掉，就跑到嫂嫂那裡去，把事情經過告訴她。

心地善良的嫂嫂立刻決定要把嬰兒當作自己的孩子，撫養長大，根本沒有想到十幾年後，這個不成器的壞蛋會把她害得這麼慘。我則繼續在走私集團裡鬼混，一八二九年，我們正在里昂灣卸貨時，稅關官員帶著大隊憲兵蜂擁而上，我急忙下到船艙裡從窗戶跳出潛進水裡，才終於逃離追捕，躲到尼姆去。

我會到尼姆去是因爲那裡有同夥。現在他是旅館老闆，不過，七、八年前他還是馬賽的一個裁縫師，名叫卡德盧斯。

我到了旅館後，怕被別的客人看到，就從牆壁爬上去鑽進天花板裡，每次我都是這樣來找他的。我無意間透過隙縫往下一望，看到卡德盧斯夫婦正在對一個商人打扮的人大吼大叫，

一天夜裡，貝茲第歐埋伏伺機報仇，卻看到威爾霍在別墅的
庭院裡掘洞掩埋一個小箱子。箱子裡裝的竟然是嬰兒……。

原來他們要把一顆鑽石賣五萬法郎，而商人堅持只值四萬五千法郎。最後，鑽石還是以四萬五千法郎成交。外面下著大雨，當天晚上商人就住在旅館裡，結果被卡德盧斯夫婦殺害了，兇器是手槍和菜刀。

我嚇壞了，怕被牽連進去，就從樓梯上往下奔，這時候，大群憲警聽到槍聲跑過來，不容我分說，就把我給逮捕了。

不管我說什麼，他們都叫我有話到尼姆法庭上再說，我想起卡德盧斯說過鑽石是布索尼神父送的，就要求法庭把布索尼神父找來作證。我想或許是卡德盧斯胡說，根本就沒有布索尼神父這個人。總之，我急欲洗刷這個不白之冤。

就在第一次判決之前，那個布索尼神父特地到拘留所來看我，我把一切經過都告訴神父，神父相信我，臨走前還鼓勵我不可放棄希望。

拘留所對我愈來愈寬鬆，我並沒有吃什麼苦頭，而且老天有眼，卡德盧斯終於在外國被逮捕，供出一切，說全都是老婆唆使他殺人的。結果卡德盧斯被判無期徒刑，我則無罪釋放。

貝茲第歐說完，基度山伯爵問道：

「你的嫂嫂和收養的嬰孩，後來怎樣呢？」

「可憐的嫂嫂後來死了，不！是被她最疼愛的那個壞蛋帶著同夥燒死的，這都是我殺害威爾霍罪有應得，全都要怪我自己……」

「不過，那個叫做威爾霍的人，做的壞事不知比你多多少倍，而且，說不定他並沒有死，愈是壞蛋，就愈是不容易死。」

貝茲第歐向伯爵行禮致謝，伯爵坐上馬車，向巴黎奔馳而去。

第二天下午三點，一輛由兩匹馬拉的豪華馬車在基度山伯爵的宅邸前停了下來。身穿藍色燕尾服，戴著男爵徽章的紳士命令車伕去問門衛基度山伯爵是否在家。

門衛愛理不理的回答說：

「伯爵在家，不過現在不見任何客人。」

道格拉斯在馬車裡聽到了，從鼻子裡發出一聲冷笑說：

「不知是何方偉人，算了，下次他即使不情願，也會自己找上我來的。現在到下議院去——」

基度山伯爵透過二樓的百葉窗，把道格拉斯的一舉一動都看在眼裡。

「眞是醜陋至極，那扁平的額頭簡直就是一臉蛇相，而那高聳的頭骨更是像極了禿鷹。」

接著，伯爵把貝茲第歐叫來。

「你看到剛才停在門口的馬了吧？」

「看到了，的確是好馬。」

「我曾經叫你把巴黎最好的馬買來，不過，我的馬廄裡却沒有那樣的好馬，這到底是怎麼回事？」

「眞對不起。那兩匹馬是道格拉斯先生用一萬六千法郎購得的。」

「那麼，你不要說出我的名字，用三萬兩千法郎向他買來。他是銀行家，銀行家最會計算賺賠了，一定會讓給我的。你現在就去，要在他從議會回來的路上找到他。」

到了五點，伯爵敲響鈴，僕人走了進來。

「馬呢？」

「已經套在馬車上了。」

伯爵走下去，看到馬車上套的正是今天早晨替道格拉斯拉車的馬。

「嗯，果然是好馬。現在把馬車拉到蒙•布蘭街的道格拉斯男爵家去。」

伯爵命令道，於是馬車往銀行家的宅邸馳去。從議會回來的道格拉斯，正在家裡接見幾位客人，僕人通知基度山伯爵來訪。銀行家很驕傲的對客人說：

「英國的湯姆遜公司介紹給我要申請無限制貸款的基度山伯爵，現在我就要試驗一下這個不知死活的人了。」

說著，他走進了客廳。

「基度山伯爵嗎？」

「你就是下議院議員，獲頒榮譽勳位團勳章的道格拉斯男爵了？」

伯爵說得這樣認眞而嚴肅，男爵不禁躊躇了起來。

「不敢當……是這樣的，湯姆遜公司來了通知，」他轉換話題說道，「老實說，我弄不淸楚是怎麼回事。」

「有什麼疑問嗎？」

「我無法了解無限制這句話的意思。」

「看來你是在猶豫了，如果你們無法提供那樣的數目的話……」

道格拉斯面露微笑回答說：

「不！道格拉斯銀行的資金雖然有限，但是請你明白，無論如何龐大的數目我們也都能夠答應，比如一百萬法郎——」

「一百萬法郎？別開玩笑了，若是一百萬法郎能夠解決，我就不必向你們貸款了。這點小錢，我的小皮箱裡經常都擺著呢！」

說著，伯爵拿出兩張國家銀行立即給付持票人的五十萬法郎的支票，道格拉斯看了，有如當胸挨了一拳似的。

「顯然你是不相信湯姆遜公司，我早就料到了，所以另外帶來了兩封相同的信，一封是維也納的阿雷斯坦因公司寫給洛斯查德男爵的，另一封則是倫敦的貝亞林格公司寫給拉斐特先生的。如果你不願意，我可以立刻去找這兩個地方。」

勝負就此分出，道格拉斯突然變得卑躬曲膝了起來，他後退兩、三步說：

「這三封信的署名就已經值數百萬了，眞對不起，我一時不察，太失禮了。」

「如果你已明白，那我就把金額說出來，首先一年六百萬，以後再依實際需要增加。請你現在就準備金幣和紙幣各半的五十萬法郎，明天中午以前送到我家裡，要是我不在，僕人會交給你們收據。」

「立刻照辦。不過，若是你時間許可的話，我想把內人介紹給你認識。」

伯爵很有禮貌的點點頭，道格拉斯敲響鈴，問僕人現在夫人是不是一個人。

「夫人正在陪德布勒先生。」

道格拉斯對伯爵說：

「內務大臣秘書官德布勒先生是我們的老朋友，如果你感到有外客不方便……」

「我已經跟德布勒先生見過面了。」

「哦……」

道格拉斯忍不住睜大眼睛，看著來到巴黎才第二天的伯爵。

26

登門拜訪的敵人

道格拉斯夫人今年三十六歲，年齡並沒有在她臉上留下任何痕跡，反而使她顯得更加丰姿綽約。道格拉斯是她的第二任丈夫，她的前夫是陸軍上將納爾康侯爵。內務大臣秘書官德布勒正在向她述說基度山伯爵的各種傳奇故事。

這位伯爵現在就由道格拉斯陪著走進房間裡來，德布勒大吃一驚，夫人則像是看到小說中的人物出現似的，感到非常好奇，不斷的提出一連串的問題來。

這時候，一個女僕匆忙跑進來，在夫人耳邊不知說了什麼，夫人臉色立刻大變。

「是眞的嗎？不過，怎麼可能呢……」

「夫人，是眞的，我沒有騙夫人。」

道格拉斯夫人看著丈夫問道：

「這是眞的嗎？」

「妳在說什麼呢？」道格拉斯雖然感到有些狼狽，但還是強作鎭定，反問道。

「車伕要套馬，却發現馬沒有在馬廄裡，這一定是你搞出來的把戲。伯爵，你聽我說，我丈夫有十四馬，其中的兩匹是我的，而且還是巴黎最好的一對駿馬，明天威爾霍夫人要到布洛紐森林去，我已經答應要借她，現在馬卻不在了……一定是我丈夫爲了賺區區幾千法郎賣掉了，眞是齷齪的商人習性！」

「喂！說話要小心點。那馬給女人騎太強悍了，我想買更溫馴的給妳才賣掉的。」

夫人看著丈夫，眼光中充滿了輕蔑。這時候，已經告辭出去的德布勒，突然又跌跌撞撞的跑回來，大聲叫道：

「如果我的眼睛沒有看錯的話，夫人的馬就套在伯爵的馬車上！」

「什麼？眞的嗎？」夫人不覺跑到窗邊去看。

「眞的嗎？」伯爵佯裝不知，慢慢踱步到窗邊說：「我的僕人今天早上用三萬法郎買到的，沒想到那是夫人的馬。」

道格拉斯的所做所爲眞是太卑賤了，幾乎毫無辯解的餘地，伯爵故意裝出很同情的樣子，隨即告辭離去。

兩個鐘頭後，道格拉斯夫人收到基度山伯爵的來信，信中說他不忍見到美麗的夫人悲嘆怨恨，請夫人接納他的餽贈，把馬收下。

那天傍晚，基度山伯爵帶著奴隸阿里到奧特伊別墅去。第二天，伯爵問阿里說：

「你能投擲繩索套住正在跑的牛嗎？」

阿里點點頭。

「兩匹狂奔的馬也能套住嗎？」

阿里微笑了，又點點頭。

「很好，立刻就會有兩匹瘋狂的馬拉著馬車跑過來，你在別墅門前把馬套住。」

五點多左右，正如伯爵所說的，遠遠傳來車輪的聲音，一輛馬車宛如迅雷般衝了過來。拉車的馬彷彿瘋了，車伕已經無法控制，馬車裡的年輕女人把一個男孩緊緊擁在懷裡，嚇得面無人色，路上的人也都慌忙走避，唯恐被馬車撞翻。早已經擺好架勢的阿里立即將繩索投擲出去，只聽見咻的一聲，左邊的馬前腳被嚴嚴實實套住，隨後摔倒在地。

另一匹馬雖然還在跑，但是最後終於被躍跳下來的車伕控制住，阿里走近前去，往馬的鼻子上一抹，馬痛苦的嘶鳴起來，接著躺倒在地上。這一切全都在一剎那之間完成。基度山伯爵從家中走出來，指揮僕人把母子兩人扶進客廳。

「夫人，已經平安無事了。」

夫人一時無法回答，只是指著昏迷不醒的孩子，伯爵拿出一個鑲金的波西米亞玻璃小瓶，把血一般鮮紅的藥滴在孩子的嘴唇上，孩子這才睜開了眼睛。

「我是多麼粗心大意呀！只因爲聽說道格拉斯夫人的馬是全巴黎最好的，就坐了上去……」

「如果那是道格拉斯夫人的馬，我也有責任，我剛把馬還給夫人……」伯爵說過。

「這麼說，你是基度山伯爵了？今天早上，夫人已經把你的事情告訴我了。」

「是嗎？我是基度山，夫人呢？」

「我是葉洛伊絲・威爾霍夫人，這個孩子是愛德華。如果我的丈夫知道了，一定會非常感謝伯爵和伯爵的勇敢僕人的……」

在奧特伊所發生的意外事故，立即成爲所有巴黎市民談論的話題。新聞記者波尙也在報紙上專題報導，讚美這個外國人的救人義行。

那天晚上，威爾霍身穿黑色禮服，戴著白色手套，到香榭麗舍大道三十號基度山伯爵宅邸拜訪。他很少到別人家去，表面上他身爲檢察官，不能跟一般人頻繁來往，事實上他私底下心裡想的是：「自己要擺起架子，才會受到世人尊敬。」

那時候，伯爵正倚在大桌子前，研究從俄國聖彼得堡到中國去的路程。威爾霍檢察官彷彿進入法庭似的，神情肅穆，一本正經的走了進來。

基度山伯爵抑制住自己的感情，目不轉睛的注視著威爾霍的一舉一動。

向來不信任人的檢察官看到身分如此高貴的外國人，也沒有忘記用懷疑的眼光研究面前這個人是不是哪裡來的騙子，或者是不是犯有前科的危險人物。

「昨天內人和孩子承蒙伯爵的救命之恩，今天特地來向伯爵致謝。」

「不敢當，」伯爵也冷淡如冰的回答道，「聽說威爾霍先生是從來不到別人家拜訪的，今天能夠光臨寒舍，眞是我最大的光榮。」

話一開始就不投機，於是威爾霍看著伯爵攤開的地圖說道：

「伯爵在研究地理嗎？如果我也像伯爵一樣，有錢又有閑——不，我是不會漫無目的四處旅行，胡亂花錢，浪費時間的。」

「說得太好了，不過，這個世界上，有不浪費時間的事情嗎？請問，威爾霍先生敢說現在所做的事情不是在浪費時間嗎？」

威爾霍大吃一驚，從來沒有人敢這樣對他說話，他傲慢的回答說：

「伯爵是外國人，所以才會這樣說。東方的落後國家，處置犯罪完全依國王君主的好惡，像法國這樣人權發達的國家，法律問題是很複雜的，因此，我敢說我現在做的事情很有意義。」

「這我也知道，我對法律也頗感興趣，曾經調查和比較過各國的司法制度。在專家面前談論法國的法律，有點像班門弄斧……但是，很不幸的，我所得到的結論是，比起文明國家的法律，落後民族的復仇要更爲符合神的意旨。」

「或許伯爵說的不錯，不過，伯爵到底是帶著怎樣的目的，爲什麼要研究各國的法律呢？」

「對我來說，英國、土耳其、日本、印度等國的法律，就和法國的法律一樣，跟我是息息相關的——」

隨後，伯爵指出，法國的法律根本就是爲貴族和有錢人設定的。威爾霍一下子被擊中要害，驚訝得睜大雙眼，想要看出面前這個人的眞正身分來。

「眞叫人吃驚，伯爵到底是在哪裡研究出我國法律的缺點來的？而且，簡直難以相信，像伯爵這樣擁有億萬財富的人，竟然會偏袒窮人和罪人。不過，伯爵，請你務必記住，只要你待在法國一天，你就得服從法國的法律。」

「不必你說，我也知道。可是，檢察官閣下，關於你我也做過調查。我想你自己心裡也明白，有些事情若是抖出來，你也是會見不得人的。」

「伯爵的意思是說，」威爾霍戰戰兢兢的問道，「我犯過什麼錯誤嗎？」

「錯誤？已經可以稱得上是犯罪了。」

「伯爵，即使你認爲有比法律更高尙的——比如神的裁決，而且你也認爲自己具有這樣的力量，你也未免太傲慢了。」

威爾霍竭盡全力反擊。

「我怎麼敢代替神呢？或許我對人會顯得有些傲慢，但是在神的面前，我就是個謙恭的僕人。正因爲有神，我才能從絕望和虛無中掙脫出來。在這個世界上，我孤獨無依，曾經瀕臨死亡，也幾乎瘋狂過。不過，在死亡和衰老還沒有到達之前，我必須完成幾件事情。」

「其實，」威爾霍說，「人活在這個世界上，除了死亡、衰老和瘋狂之外，還有更可怕的，例如中風。雖然氣息尚存，但是只要得了中風，那麼一切就都完了。就拿我父親來說吧！我父親諾華第耶·德·威爾霍熱心政治，身體強健，勇猛善戰，甚至企圖徹底改變全法國。不過，只因爲腦子裡的血管破裂，幾秒鐘之內，就變成了廢人。」

「太令人同情了。我可以想像你父親的病倒，給你帶來的打擊有多大。」

「這全都是神的意旨，我父親一定會那樣拖著病痛的身體，墜入地獄裡去的。這是違反社會常規的人應有的懲罰，比受到法律的制裁要好得多了。」

基度山伯爵表面上雖然帶著微笑，但是內心已經幾乎被憤怒撕裂了。

「我這就告辭，」威爾霍說道，「希望伯爵能抽空大駕光臨，讓我能再度聽到伯爵的名言，而且，內人也想見到伯爵，當面再向伯爵致謝。」

伯爵鞠躬還禮，把客人送出書房，隨後敲響鈴，阿里的身影立刻出現了。

「三十分鐘後幫我備好馬，我要出門。」

27 幸福家庭

希臘姑娘愛蒂隔著花園，住在另一幢房子裡，房子是東方式的，極盡奢華之能事。

愛蒂由三名法國侍女和一個希臘侍女服侍，現在她偎躺在一個繡著銀線的藍色大綢緞靠墊上，陽光從圓形的頂穹射進來，照在她身上，使她看來有如土耳其的王妃一般。

基度山伯爵靜靜的走過來，浮現出溫柔的微笑，說道：

「愛蒂，妳現在是在法國，既然在法國，就應該遵守法國的禮儀規矩。在東方，女人或許是男人的奴隸，但是在自由的法國，女人和男人是平等的。從現在起，妳也必須這樣做才行，去參加社交界，認識各式各樣的人。如果有妳喜歡的就——。」

「不，我再也沒有見過比你更好的人了。除了我父親和你之外，我誰也不會喜歡。」

「那是因爲除了妳父親和我之外，妳並沒有跟別人說過話。」

「我沒有跟別人說話的必要。我父親叫我可愛的愛蒂，你則說我是美麗的愛蒂。」

「愛蒂，妳還記得妳父親嗎？」

愛蒂微笑著點了點頭，按著自己的心說：

愛蒂全身上下都是東方姑娘裝束，除了基度山伯爵之外，誰也不知道她那有如謎一般的過去。

「我父親永遠都在我這裡。」

「那麼，我呢？」

「我身上哪裡都有你，現在你在這裡。」

基度山伯爵拉起愛蒂的手想要吻，愛蒂把手抽回來，湊上額頭讓伯爵吻。

「以後不管遇到誰，妳都不可說出自己的身世來，妳那偉大的父親和母親的名字也要保密。」

「我知道。」

離開愛蒂的住處後，馬車已經套好，伯爵坐上去，馬輕快的跑了起來。

才十分鐘光景，伯爵的馬車就到了馬克西米·莫雷爾所住的地方。那是一幢粉刷潔白的明淨房子，前面的小花園裡百花盛開，馬克西米正在為心愛的馬梳毛，看到單眼的柯克勒斯咬著雪茄，帶伯爵進來，忍不住大叫：「基度山伯爵！」隨即向他奔去。

聽到聲音，一個年約二十三、四歲的少婦轉過臉來，她正是那個可愛的茱麗小姐，現在已經成為埃瑪紐耶夫人了。

「快過來打招呼——這位就是我向妳說過的基度山伯爵。」

「老天！」茱麗高聲叫道，「事先也不告訴我一下，哥哥，你好壞……。」

說著，她隱到花叢後面去，急忙向屋子裡跑去了。

「看起來是個甜蜜的家。」

伯爵說道。

「是的，一點兒也沒有錯，我覺得這才是眞正的幸福，大家都年輕、健康而且彼此相愛，同時一年還有兩萬五千法郎的收入，可以說是衣食無缺，無憂無慮。」

「不過，兩萬五千法郎夠用嗎？」

基度山伯爵有如父親般關心的問道。

「我們並不希望發大財，光是有錢並不一定能獲得幸福。我父親是個實業家，給我們兄妹倆留下五十萬法郎的財產。我們把財產分成兩半，妹妹的丈夫埃瑪紐耶是個誠實、可靠、有才華的男人，繼承我父親的事業，現在把公司掌管得井井有條。」

馬克西米把家境說明完後，埃瑪紐耶正好換上禮服走了出來。三個人在花園裡欣賞了一會兒怒放的百花，隨後走進屋子裡，茱麗已經把客廳收拾好，等在那裡了。

「我們曾經有過一段非常悲慘的生活，但是，在全家人陷入絕望的深淵時，神爲我們顯示了奇蹟。」

「怎樣的奇蹟呢？」

「神派一個天使到我們家裡來。」埃瑪紐耶和馬克西米同聲說道。

「伯爵，請你看這個，這才是我們家最重要的財寶，因爲這是天使的紀念品。」

馬克西米指著玻璃盒裡襯著天鵝絨的錢包說。隨後他打開蓋子，拿出錢包裡的紙條和一顆鑽石。

「雖然對一般人來說，這顆鑽石可能值十萬法郎，但是在我們看來，這顆鑽石的價值是永遠無法換算出來的。」

茱麗在一旁補充說。

「是的，贈送錢包的人，把我們全家從死亡的深淵救了出來。當我的父親正要自殺時，由於這位不知名人士的救助，不但挽回了生命，也維護了名譽。錢包裡同時還放著這顆鑽石，說是要送給妹妹的結婚費用。」

他們三個人在述說感人的往事時，眼中都含著淚水，聲音也顫抖了起來。伯爵則用手帕按住嘴，用咳嗽來掩飾心中的感情。

「這麼說，你們還不知道那個人是誰了？」

「是的，」茱麗回答說，「我沒有一天不在渴望能擁吻那個人的手。四年前我們家所僱的一個名叫貝隆的水手說，他在杜里那斯的碼頭上看到一個英國人登上遊艇，他覺得那個人和當時自稱湯姆遜公司代理人的是同一個人。」

「那個人叫什麼名字呢？」

「信的最後只寫著辛巴達水手而已。」

「看來不像是眞名。那個人是不是身高跟我差不多，比我瘦一些，領帶筆挺，衣服上有許多鈕扣呢？」

「不錯！伯爵知道那個人嗎？」茱麗驚喜得睜大了眼睛。

「我還不能確定，不過，很有可能是威爾蒙勳爵，這個人有點怪，最喜歡廣施善行。」

「那麼，伯爵認識他了？」埃瑪紐耶問道，「拜託！請伯爵把他的事情告訴我們吧！」

馬克西米也露出懇求的神情。伯爵抑制住自己的激動，說道：

「很遺憾的是，如果那個人就是威爾蒙勳爵的話，你們大概很難再見到他的。兩、三年前，我在帕勒蒙遇到他時，他正要動身到遙遠的異國去，並且說或許永遠不會回來了。」

「多麼叫人失望啊！」

茱麗傷心得淚如雨下。

「夫人，」基度山伯爵凝視著茱麗臉頰上滾落的淚水說道，「如果威爾蒙勳爵眞的是那個人的話，看到妳的眼淚，他不知道會如何感動呢？不過，我們就不要再去推測了吧！」

「茱麗，伯爵說的很對，爸爸也常常說，給我們帶來幸福的人，絕對不可能是英國人的。」

伯爵全身起了一陣不易察覺的顫慄。

「莫雷爾先生是怎麼說的呢？」

「我父親相信那個恩人是爲了我們而從墳墓裡出來的。父親好幾次滿懷思念的唸著那個死去的朋友的名字，父親臨終時還告訴我說，他確信那個恩人就是艾德蒙•丹迪斯。」

伯爵聽了，修長的身體突然間劇烈的哆嗦了起來，他看看時間，匆忙握手道別，對茱麗說：

「以後我還會常常來打擾。好幾年以來，我已經沒有這樣愉快了。」

隨後，他就迅速踏著快步離去。

28 奇妙的藥方

幾天後，基度山伯爵到威爾霍家去拜訪，由於事先沒有通知，威爾霍家起了一陣不小的騷動。威爾霍夫人慌忙跑出來迎接說：

「很不巧，我丈夫剛出去參加司法大臣的晚宴，如果他知道伯爵來，一定會感到很遺憾的。」

隨後夫人對旁邊的兒子說：

「去叫姊姊出來，讓伯爵看看。」

「我不知道妳有一個女兒。」

伯爵佯裝不知，說道。

「是我丈夫前妻的。」

「她總是動不動就哭。」

愛德華拔著鳥籠裡的鸚鵡尾巴，插嘴說。這時候，芭蘭蒂走了進來，神情果然顯得有些消沈。她今年十九歲，身材修長纖細，氣質高雅，像極了年輕時候的桑•梅朗侯爵小姐。

她的心中充滿了鬱悶，威爾霍在新的母親面前，經常對她冷言冷語，繼母則一有機會就欺負她。在家裡，只有癱瘓在床上，跟死人沒有兩樣的祖父是她唯一的朋友。幸好馬克西米愛她如妹，她也深愛他。但是威爾霍不能理解女兒的感情，竟然強迫她跟佛朗茲•第比內男爵訂婚。

「這是我的女兒芭蘭蒂，這位是基度山伯爵，是我和愛德華的恩人。快向恩人道謝，然後帶愛德華離開。」

「我叫芭蘭蒂，上次幸虧有伯爵，我母親和愛德華才能平安無事……」

說著，芭蘭蒂畢恭畢敬的行了禮，隨後就走出去了。

「前幾天我聽妳丈夫說，妳丈夫的父親病倒了。」

「是的，雖然令人同情，不過他也是自做自受，誰叫他從來不愛惜自己的身體，總之，他現在就像風中殘燭一樣……對了，我聽我丈夫說，伯爵學問淵博。」

「不敢當，根本稱不上什麼學問，只不過因爲我在東方住過，稍微研究了一些藥物而已，當然，夫人對這方面是不會感興趣的。」

「我怎麼會不感興趣呢?能不能簡單的告訴我那是怎樣的學問?」

「東方的藥物研究中，最進步的就是毒藥。高官和富豪爲了防備被人下毒，每天都服用少量的毒藥來增強抵抗力，日積月累，即使有一天突然吞食了大量的毒藥，也能保住性命。」

威爾霍的女兒芭蘭蒂，一再被繼母慫恿跟佛朗茲結婚，然而
她心中熱愛著的卻是馬克西米，無法向人說出自己的苦惱。

「眞有意思，請再多告訴我一些，很久以來，我一直對神秘的東方充滿了好奇。」

「那我就說了，因爲像夫人這樣的人，是不會用來害人的……比如說，有一種叫做馬錢子的毒，夫人如果第一天服用一毫克，第二天增加一毫克，到了第十天就可以服用一厘克了，繼續服用二十天下來，對夫人來說，兩厘克根本不算什麼，但是第一次服用的人，兩厘克就很危險了。所以一個月後，同樣的一瓶藥一起服用，就可以讓對方喪命。」

夫人敬佩不已，忍不住發出一聲長長的嘆息。

「東方人對於毒藥非常有研究，像是鴉片、顚茄、毒蛇木之類，他們都可以用來讓敵人長眠不醒。」

「眞的！」夫人的眼睛發出異樣晶亮的光芒。

「夫人，東方人最擅長用這樣的毒藥巧妙殺人，即使警方再怎麼調查，也不會找到任何線索的。」

「不過，伯爵。」夫人說，「不管做得再怎樣巧妙，犯罪還是犯罪，雖然逃得過世人的眼睛，但是一定躲不過神的銳眼的。從這一點看來，東方人好像不在乎良心的呵責。」

「其實，良心還是有的，只不過在犯下滔天罪惡之後，這個叫做良心的東西總是會伸出援手來，也就是找出許多偉大的名義和藉口，把殺人正當化，讓被殺的人死不足惜。只要翻開人類爭權奪利的歷史，這種血淋淋的事實處處可見。妳說，眞正的良心在哪裡呢？」

夫人當然聽得出伯爵的反諷和譏刺，以及令人心驚肉跳的暗示。

「伯爵，你這樣說，眞不知叫人如何回答才好，不過，我覺得你說得很對。對了，上次我的孩子被馬嚇昏，你只用一滴就讓他醒過來的那個靈藥……。」

「那沒有什麼了不起，一滴可以讓你的孩子甦醒，但是兩、三滴就會窒息了。」

「有這麼可怕？」

「其實也不可怕，只不過是依照量的多寡，可以成爲毒藥，也可以當作靈藥來使用罷了。那是羅馬的東方學專家阿第爾蒙提神父調製出來的秘藥。」

「也能夠治痙攣嗎？」

「非常有效，但是如果用得不小心，反而會有危險。」

「我非常神經質，常常痙攣，有時候甚至以爲自己就會死了，如果有那種藥，我就不會再痛苦了。那位阿第爾蒙提神父的處方，現在還能買到嗎？」

「很遺憾，要想從神父那裡買到是不可能的。不過，我倒是可以分一些給妳。」

「那太謝謝你了。」

「但是，請妳務必記住，一次只能用一滴。明天我叫僕人送來。」

鐘敲響了六點，伯爵起身告辭，夫人拚命挽留，伯爵婉謝說：

「我已經答應帶我的朋友，一個希臘公主去看歌劇，現在再不走就來不及了。」

走出大門後，基度山伯爵一個人自言自語說：
「一切都照計劃進行得非常順利。現在種子已經播下，只等發芽了。」
第二天，伯爵果然依約密封送來玻璃瓶裝的秘藥給夫人。

29 歌劇院

那天晚上歌劇院上演的歌劇，佳評如潮，基度山伯爵認識的人，幾乎都到齊了。亞爾培和夏德•雷諾並肩而坐，新聞記者波尙則發揮記者的本性，四處奔跑。德布勒秘書官，莫塞爾伯爵夫妻、道格拉斯夫妻和女兒尤姬妮小姐等人也都在座。

第二幕啓幕的鈴響起時，亞爾培和夏德•雷諾回到座位上，發現所有的觀眾都站起來望著俄羅斯大使的包廂。一個三十五、六歲，膚色黝黑的紳士，跟一個東方打扮，宛若天仙的美女坐在包廂裡。

「啊！是基度山伯爵，那個美女是誰呢？」亞爾培驚叫道。

伯爵身邊的美女當然是愛蒂。愛蒂的嬌美和典雅的衣裳，使得在場的貴夫人都黯然失色。這時候，從道格拉斯男爵夫人的席位那裡打來了手勢，要亞爾培在這一幕演完後過去一趟。內務大臣秘書官德布勒看到亞爾培一走過來，立刻附在他的耳邊說：

「我快要煩死了，男爵夫人老問我基度山伯爵的事情，你替我告訴她吧！」

「亞爾培先生，聽說伯爵到處送鑽石給人，他到底是怎樣的一個人呢？我知道他向我丈夫的銀行申請了無限制貸款。」

「眞的嗎？我倒是第一次聽到這個消息。不過，我想他是做得出來的。」

「而且他還向我丈夫說，打算在巴黎的這段期間，花掉六百萬法郎。德布勒先生。」道格拉斯夫人一直看著包廂，「那個美人是誰呢？」

「聽伯爵說，她原來是一個奴隸。」

「眞不可思議，簡直就像女王嘛！」

「即使是女王，也是天方夜譚裡的女王。」

「亞爾培先生，你能不能幫我一個忙？」道格拉斯夫人說，「我想招待基度山伯爵到我家吃晚餐，你爲我傳達一下好嗎？」

「我試試看，他應該會很高興的。」

亞爾培離開道格拉斯夫人的座位，來到伯爵的包廂前，伯爵正好打開門，對守衛在走廊上的阿里不知道用阿拉伯語說了什麼。隨後伯爵拉住亞爾培的手說：

「巴黎人太好奇了，阿里的四周盡是那些人，難道黑人眞的那麼罕見嗎？」

「不是的，他們好奇的是你。」

「那又是爲什麼？」

「你送給道格拉斯男爵夫人價值連城的馬，救了檢察官家人的性命，化名布拉克少校，

能夠寬慰基度山伯爵的心的，只有美麗的希臘姑娘愛蒂。伯爵收留了這個原本要被賣去當奴隸的公主，像自己的女兒似地愛她。

讓名馬凡帕把巴黎的賽馬名次打亂，還帶著東方的美姬來看歌劇，使得巴黎的貴婦人光采盡失。」

「我怎麼會做出那種荒唐的——。」

「不必隱瞞了，愛管閒事的波尙，早就把你的事情到處宣揚開了……，對了，道格拉斯夫人想見你一面。」

「既然這樣，你告訴她待會兒我就到座席上去向她問候。」

第三幕開始的時候，亞爾培的父親莫塞爾伯爵也來了。基度山伯爵離開包廂，到道格拉斯夫人那裡去。夫人又驚又喜，說道：

「伯爵，請坐，我早就想見到你了，你送我那麼昂貴的馬，我還沒有向你道謝呢！」

「不敢當，微不足道的小事，沒想到妳一直記在心裡。」

「而且，你還救了我的好朋友威爾霍夫人，眞是感激……。」

「那要歸功於我的僕人阿里。」

「這麼說，」莫塞爾插嘴道，「把我兒子從山賊手裡救出來的，也是那個阿里了？」

「不，那倒是我出力完成的。我們不提這些了，夫人，能不能把小姐介紹給我認識呢？」

「啊！光顧著談那些，竟然把正事給忘了，這是我女兒尤姬妮。」

道格拉斯小姐向伯爵輕輕點頭致意。

「跟你一起的，是你女兒嗎？眞是個大美人。」

「她是我朋友的孩子，一個可憐的希臘姑娘，名叫愛蒂。」

「希臘人？」莫塞爾伯爵低聲喃喃說道。

「聽說莫塞爾伯爵也在阿里·帕夏的宮廷裡服務過。」道格拉斯夫人說。

「眞的？那麼，伯爵認識阿里·帕夏了？」基度山問道。

「我擔任過阿里·帕夏的軍隊檢閱使，老實說，我那僅有的一點財產，就是國王送我的。」莫塞爾回答道。

這時候，正在尋找基度山伯爵的愛蒂，眼光看到了伯爵身邊的莫塞爾伯爵的臉，不覺低低的驚叫了一聲，隨即向後倒了下去。

「咦？」尤姬妮說，「愛蒂小姐不知道怎麼了，好像哪裡不舒服似的。」

「我去看看，」基度山伯爵說，「不過，不必擔心，愛蒂有些神經質，聞到討厭的氣味立刻就會昏厥過去。」

說著，伯爵向大家點頭致意，回到自己的包廂，隨後緊緊握住愛蒂的手。

「你剛才跟誰說話呢？」愛蒂問。

「莫塞爾伯爵。他說在妳父親手下工作過，現在的財產就是妳父親贈送他的。」

「那個畜生！」愛蒂叫道，「就是他把我父親出賣給土耳其人的，財產也是他出賣我父親

愛蒂的父親是希臘一個小國家的國王，每天過著和平的生活，但是有一天軍隊檢閱使莫塞爾突然叛變，勾結土耳其人，舉兵包圍愛蒂所住的城堡。

得到的。你不知道嗎？」

「知道得不很清楚。我們走吧！回家後妳再詳細告訴我。」

「光是看到那個人，我就覺得自己快要氣死了。」

說著，愛蒂站了起來，披上白羊毛呢外套。

30 神秘怪客

鐘敲響七點時，一輛馬車在基度山伯爵香榭麗舍大道的宅邸門前停了下來。從馬車上下來的是一個五十多歲的男人。伯爵很親切的上前迎接。

「你是巴德羅密歐·卡波肯第少校嗎？」

「是的，我就是巴德羅密歐·卡波肯第。」

「是和藹的布索尼神父叫你來的吧？信帶來了嗎？」

伯爵讀著對方遞過來的信——

「卡波肯第少校是魯克地方的著名貴族，也是佛羅倫斯卡波肯第家的後裔，年收入五十萬法郎，唯一的遺憾就是不知道愛子的行蹤去向。他的孩子小的時候，很有可能被嫉恨他的仇家，或是吉普賽人拐走了。我對他說，或許你能幫他找回離散已經十五年的兒子，讓他重新燃起了希望。還有，卡波肯第少校爲了節省辦手續的麻煩，只帶了兩千法郎的支票，請你將本來要付給我的四萬八千法郎借給他。」

「這些錢是做什麼用的？」

名叫卡波肯第的少校帶著布索尼神父的介紹信去拜訪基度山伯爵的宅邸。

「不必擔心，布索尼神父和我之間從來不計較金錢，我現在就付給你四萬八千法郎。你兒子是叫安德雷吧？」

「確……確實…是……的……」少校結結巴巴的回答。

「你帶著證件嗎？」

「沒有，我不知道有什麼證件。」

「那就麻煩了，沒有證件，別人就會懷疑他是否眞的是你兒子。」

「你說得很對，那該怎麼辦呢？」

「不必擔心，我有證件。」

少校終於鬆了一口氣，因爲沒有證件，四萬八千法郎就要泡湯了。

「受布索尼神父之託，」伯爵很鄭重的說，「能夠讓十五年沒有見面的父子重逢，是我最大的榮幸。」

「那個孩子在這裡嗎？」

「在這裡。」

少校激動得眼眶都紅了。

「十五分鐘後，你兒子就會來這裡。」

「你介紹我們兩人相見嗎？」

「不，只有你們兩人，請好好暢談吧！」

說著，基度山伯爵進入名叫「藍廳」的房間，一個瀟灑打扮的青年已經等在那裡，看到伯爵，青年站了起來。

「基度山伯爵嗎？」

「是的，你是安德雷‧卡波肯第子爵吧！有沒有帶介紹信來？」

「介紹人的名字有點怪……叫做辛巴達水手……。」

「原來是他，我這個朋友常常說自己是天方夜譚裡的辛巴達的後代，那是他的綽號，本名是威爾蒙。」

「我明白了，不過，我來這裡做什麼呢？」

「根據辛巴達水手的信上說，你是佛羅倫斯名門卡波肯第少校的兒子，你父親每年有五十萬法郎的豐厚收入，不幸你在五歲時，被陰險的家庭教師拐走，十五年來，你一次也沒有見過父親的臉。這次在辛巴達水手的協助下，你來我這裡，要在巴黎和你父親重逢。是這樣，沒錯吧？」

「沒錯，那麼，我父親在哪裡呢？」

「你父親現在已經來到這裡了。」

安德雷高興得跳了起來。

「現在就帶你去見你父親吧！」

「我跟父親分離那麼久，幾乎已經沒有任何記憶了，不過能夠跟父親重逢，我的生活一定會好轉的。」

「那當然，你在巴黎這段期間，除了每年可以得到五萬法郎之外，每個月還能從道格拉斯銀行領取五千法郎的生活費。」

安德雷向客廳走去，伯爵看著他的背影消失，按下牆上畫框旁的彈簧，畫框裡的畫隨即移開，露出一個小窗口，可以把客廳裡的情景一覽無遺。

安德雷關上門，向少校走去，少校立刻站起來。

「啊！爸爸！」安德雷高聲叫道。

「噢！你就是我兒子嗎？」少校也沈痛的回答說。

「請你原諒我多年的不孝，我早就在期盼這一天的到來了。」

「兒子，能夠重逢眞是太令人高興了。」

「爸爸，請你吻我吧！」安德雷說道。

「好的。」少校回答道。

於是兩人就像舞台上常見的演技那樣，互相把頭放在對方肩上，緊緊擁抱在一起。

「我們永遠再也不要分離了。爸爸，請你把我們的家人的資料證件給我看。」

「嗯，這就是。」

安德雷接下資料，看了一遍。

「編得眞是無懈可擊，爸爸，不！卡波肯第先生，」安德雷的態度突然一百八十度轉變，抓住少校的手臂說，「你當我的父親，拿了多少錢？」

少校吃了一驚，差點兒叫了起來，安德雷趕緊用一根手指按住嘴唇，示意少校不要出聲，隨後低聲說：

「還是我先掀底牌吧！我當你的兒子，每年可以得到五萬法郎，所以對我來說，有你這樣一個父親簡直求之不得，不會說出去的。」

「我一次就得五萬法郎。」少校說著，從背心口袋裡掏出剛才得到的紙幣。

「這麼說，伯爵會遵守約定了？」

「應該會遵守的，所以我們也要扮好我們的身分，也就是我是你慈祥的父親……」

「我是你乖巧的兒子。」

「實在弄不懂伯爵為什麼要我們這樣做呢？」

「爸爸……我從一開始就把你當做我爸爸了。」

「算了，別噁心。」

基度山伯爵看準時機，靜悄悄的推開門走了進去。聽到腳步聲，兩個人又重新擁抱在一起。

「怎麼樣？卡波肯第先生，能夠見到你兒子，應該滿足了吧？」伯爵說道。

「噢！伯爵，我高興得心都快要脹裂了。」

「兒子呢？」

「我也覺得像是在做夢似的。」

「眞是一對幸福的父子，」伯爵說道，「卡波肯第先生，我要介紹五、六個朋友讓你認識，在那之前，請你不要離開巴黎。」

「一切遵照伯爵的指示，」少校回答道，「不過，我們下次什麼時候見面呢？」

「星期六晚上怎麼樣？我打算在奧特伊的別墅請幾位客人吃晚餐，其中也有銀行家道格拉斯，我介紹你們認識，這樣以後會方便些。」

「我該穿什麼衣服呢？」安德雷問道。

「這樣就可以了，請你在六點以後來。」

卡波肯第父子很恭敬的行了禮後，走出基度山伯爵宅邸。伯爵走到窗邊看著他們離去，隨後咬牙切齒的喃喃說道：

「眞是兩個可惡的混蛋！人家說物以類聚，他們不是眞正的父子，未免太奇怪了，看了就叫人作嘔！」

31 遺囑

這一天在威爾霍宅邸裡，威爾霍很難得的帶著夫人到病房去探望父親諾華第耶。夫妻倆叫老僕人巴洛瓦離開，他們坐在老人身旁。

老人半躺在輪椅上，身體無法動彈，舌頭也已經僵硬，不能言語，但是眼睛和耳朵比一般人還要敏銳。平常很少來的威爾霍，即使來了，也是把老人當成廢人，既不想知道老人需要什麼，也從來不安慰老人。老人唯一的寄託就是孫女。芭蘭蒂對老人充滿了愛和耐心，她只要看一眼，就能知道老人心裡在想什麼。

「爸爸，我來向你報告一件事情，我想你也會贊成的。」

聽到兒子的聲音，老人的眼睛裡並沒有顯示出任何表情來。

「我們想替芭蘭蒂完成終身大事，對方不但家世好，而且還擁有豐厚財產，名字你也知道，是第比內男爵——佛朗茲·第比內先生。」

一聽到這個名字，老人的眼睛迅速的抖動了起來，這一切全都沒有逃過威爾霍的銳眼。他也知道佛朗茲的父親，從前是諾華第耶政治上的第一號敵人。

「你也知道，我女兒已經十九歲了，做父母的有責任讓女兒早日獲得歸宿。我把女兒嫁給佛朗茲•第比內的條件是，結婚後夫婦倆必須住在這裡，這樣你也不會感到孤獨了。」

老人的眼睛佈滿了血絲，雖然發出痛苦和憤怒的嘶喊，但是却在喉嚨裡就塞住了。隨後老人轉向威爾霍夫人眨了一下右眼，這是他要叫芭蘭蒂來，如果眨左眼，就是叫老僕人巴洛瓦。答應時慢慢閉上雙眼，不高興時則迅速眨動眼睛。

「你是要叫芭蘭蒂來嗎？」

老人慢慢閉上雙眼。威爾霍夫妻離開後，芭蘭蒂走了進來，她看了老人一眼，就知道老人正在受痛苦的折磨。

「啊！爺爺，你在生爸爸媽媽的氣嗎？」

老人點點頭。

「我知道了，一定是爸爸他們來告訴你我結婚的事情吧？」

老人燃燒般的眼神，彷彿在說：「對！」

「他說對方是佛朗茲•第比內先生吧？爺爺很討厭佛朗茲嗎？」

老人的眼睛，兩、三次表示：「對！」

芭蘭蒂跪在老人面前，雙手挽住老人的脖子說道：

「我知道爺爺心裡很難過，就是我……我也不喜歡佛朗茲先生，所以我以前才會說想去當修女的。」

眼淚從老人臉上滾落下來，隨後老人眼睛看著上面，這是老人想要什麼時的眼神。芭蘭蒂就從A的字母開始唸起，一直唸到N，老人點點頭，於是芭蘭蒂拿來辭典，放在老人面前，在Notaire的地方，老人眨了一下眼睛。

「公證人，爺爺是想叫公證人來嗎？」

老人用力閉上眼睛。不一會兒，威爾霍夫妻和公證人來到老人身邊，經過測試的結果，公證人說：

「老人雖然行動不便，但是精神健全，可以立下遺囑。」

隨後在公證人的筆錄下，老人完成了遺囑。內容如下——

老人財產有九十萬法郎，最寵愛的孫女芭蘭蒂和同父異母的弟弟都無繼承權。但是芭蘭蒂若能跟佛朗茲・第比內以外的自己所喜歡的男人結婚，將可獲得這筆財產，萬一雙親強迫她嫁給佛朗茲，那麼全部的遺產將捐給窮人。

「什麼？九十萬法郎的巨額財產要捐給慈善醫院？眞是可笑，如果不是瘋了，就是老糊塗了。女兒的婚事只有我才能作主，無論如何，我非讓芭蘭蒂嫁給佛朗茲不可。」威爾霍憤怒得大聲叫嚷起來。

隨後他跟氣急敗壞的妻子回到客廳時，發現基度山伯爵坐在那裡等他們。

「我來確認星期六的晚宴，你們是否能光臨。」伯爵說。

「你以爲我會忘了嗎？」威爾霍夫人回答道。

「不！夫人當然不會有問題，只是威爾霍先生公務煩忙……」

「這次的宴會，」威爾霍問道，「也是在香榭麗舍大道的宅邸嗎？」

「我想在郊外的別墅辦，就在奧特伊。」

「奧特伊的哪裡？」

「楓丹路二十八號。」

「什麼？二十八號！」威爾霍的喉嚨彷彿被掐住了一般，幾乎說不出話來，「那不是桑・梅朗侯爵的別墅嗎？伯爵買下來了？」

「是的，不過，這個世界可眞小啊！我沒想到那原來是桑・梅朗侯爵的別墅。」伯爵故意這樣說道。

32

信號機

第二天早上，基度山伯爵離開巴黎，驅車往奧雷昂馳去，來到一座建有信號塔的山丘下停住馬車，沿著蜿蜒的坡道登上頂端，那裡有一片圍著樹籬的菜園，一個五十歲左右，看起來相當善良的男人，正把摘下來的草莓放在葡萄葉上。

「你在摘草莓嗎？」

基度山伯爵臉上掛著微笑，問道。

「我剛剛下來而已，並沒有離開塔。」

「沒關係，你把剩下的摘完吧——」

「辛辛苦苦種出來的草莓，總是在一夜之間就被偷得精光。對不起，你是信號塔的上級主管嗎？」

那個人戰戰兢兢的問伯爵。

「不是的，我正在旅行，因爲好奇，才來這裡看看。」

「要是想看信號機的話……跟我來吧！」

基度山伯爵走進三層樓的信號塔，二樓是信號手的住家。

「學習信號術很難嗎？」基度山伯爵問道。

「並不怎麼難，只是當見習生的時間較長而已。」

「恕我冒昧，你一年工資多少呢？」

「一年一千法郎，少是少，不過房租免費，勉強還過得去。」

來到信號室，伯爵很感興趣的看著那兩具信號機。

「看起來滿有趣的。」

「太單調了，還是果樹更複雜，更有意思。」

「似乎你比較喜歡園藝，這個工作你做多久了？」

「十五年了，再做十年就可以領到一百耶基的退休金。」

「眞是少得可憐。繼續做這個工作，或是擁有兩英畝的土地，過著自由自在的種果樹生活，你選擇哪樣？」

「那還用說，如果我有那樣一塊土地，一定可以造出一片樂園來的。老實說，我對這個工作一點也不感興趣，因爲要是信號收錯了，一次就得罰一百法郎。」

「如果你改變信號的內容，發出別的信號，會怎麼樣呢？」

「立刻會被免職，退休金也就泡湯了。」

「若是你可以得到一萬五千法郎，你想不想試試看？」

「別開玩笑了，你想用這樣一大筆錢來引誘我嗎？」

「是的，現在你終於聽懂了——」

「對不起，右邊的信號機有信號傳進來了。」

「別理它，你看看這個。」

伯爵把十五張一千法郎的紙幣一字排開。

「這是要送給你的。」

「啊！左邊的信號燈亮了。」

「讓它亮吧！」

「不行啊！會受罰的。」

「沒關係，你把這些收下。」伯爵把鈔票塞進信號手的口袋裡。

「不過，這是我的工作。」

「這樣的工作不要也罷，我想請你打出別的信號。」

「噢！多麼荒唐的建議——」

伯爵又掏出另一包錢來。

「這是一萬法郎，跟剛才的合起來共有兩萬五千法郎。五千法郎可以買一幢漂亮的小房子，以及兩英畝的土地。剩下的兩萬法郎存入銀行，每年有一千法郎的利息，這樣你就能從事自己所喜歡的園藝，過著快樂的生活了。」

信號手收下那一萬法郎，問道：

「你要我怎樣做呢？」

「很簡單，只要反覆打出這個信號就行。」

伯爵從口袋裡掏出一張紙條，上面寫著三個信號和發出去的時間。信號手興奮得臉都紅了，大顆的汗珠不斷的從額頭上滴下來。也不管別的送進來的信號，就依照伯爵所寫的，陸續把信號發出去。

「現在，你已經有一筆可觀的財產了。」

伯爵說。信號手看看鈔票，用手去摸，還拿起來數了又數，全身哆嗦，臉色蒼白。

信號傳到內務部五分鐘後，秘書德布勒急忙驅車趕到道格拉斯宅邸。

「妳丈夫手邊有西班牙公債吧？」

他問男爵夫人。

「有六百萬法郎。」

「不要管價錢，請盡快脫手。」

「爲什麼？」

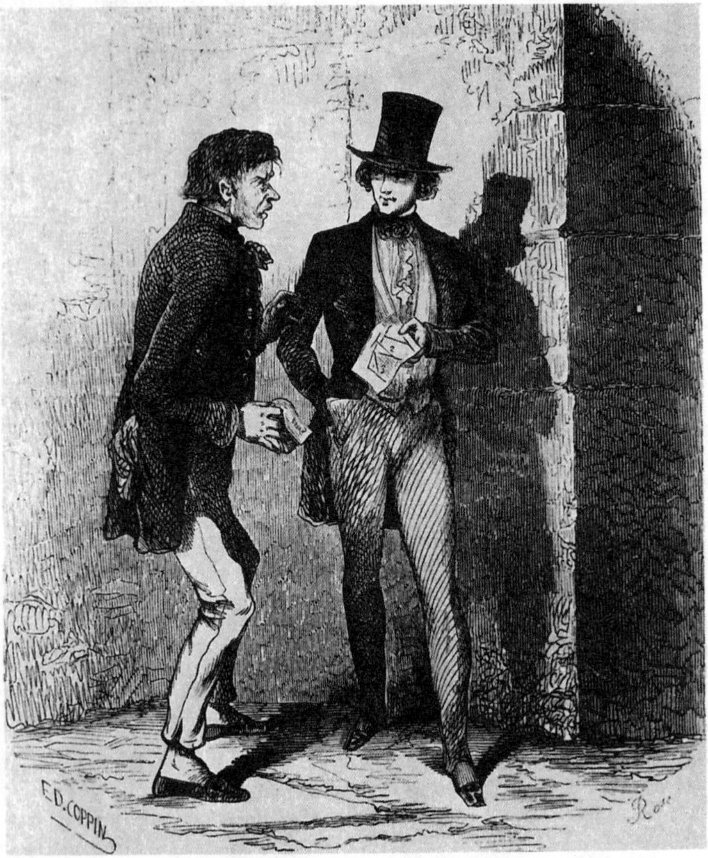

基度山伯爵到政府的信號所去，塞給信號手一疊鈔票，要他送出假的信號文。這也是復仇的手段之一。

「唐·卡洛斯已經逃離布爾及，回到了西班牙，一旦引發革命，公債就會暴跌。」夫人也沒有再打聽清楚，就奔去告知丈夫。道格拉斯馬上聯絡仲介人，將公債低價賣出。隨著道格拉斯出售公債，西班牙公債立即暴跌。道格拉斯一共損失了五十萬法郎。那天傍晚，《信使報》上刊出了這樣一則消息——

唐·卡洛斯擺脫布爾及的監視，經由卡塔洛尼亞邊境逃回西班牙，巴塞隆納因而爆發了革命。

這次的事變只損失五十萬法郎，道格拉斯眞有說不出的高興。但是第二天，《晨報》隨即刊出了這樣的更正啓事——

昨天《信使報》報導唐·卡洛斯脫逃全屬空穴來風，西班牙毫無動亂跡象。原因在於發生濃霧，致使信號接收出現差錯。

慘跌的公債又暴漲了一倍，於是道格拉斯的損失變成了一百萬法郎。基度山伯爵聽到道格拉斯的損失後，臉上不禁泛起了微笑。

33 幽靈重現

奧特伊的別墅在貝茲第歐的整修和裝飾下，變得煥然一新，只有二樓左邊樓梯盡頭的那個大房間和花園，因爲伯爵事先吩咐，所以原封未動。

星期六傍晚五點，伯爵帶著阿里抵達了。阿爾及利亞騎兵馬克西米到了之後，跟伯爵有如父子般，談得非常融洽。接著夏德·雷諾和內務大臣秘書德布勒從馬車上跳下來，道格拉斯夫妻也出現了。

隨後，僕人大聲宣告——

「巴德羅密歐·卡波肯第少校閣下，安德雷·卡波肯第子爵先生到！」

那個父親穿著軍服，胸前掛著三個勳章和五個十字獎章，裝模作樣的走了過來，兒子則穿著新做的衣服陪在身邊。

「卡波肯第是誰？」德布勒問馬克西米，「名字聽起來滿威風的，但是那一身新衣服一點也不搭配，怪刺眼的。」

「到底那是什麼人呢？」道格拉斯問伯爵。

「名叫卡波肯第的，全都是具有王族血統的資本家。對了，他好像跟你的銀行有業務往來。我是爲了你特地邀請他來的，我來介紹你們認識。」

這時候，僕人又大聲宣告——

「威爾霍夫婦駕到！」

不一會兒，威爾霍戰戰兢兢的走了進來，伯爵從握著的手知道他正在發抖。

伯爵看到在廚房裡指揮的貝茲第歐悄悄溜進旁邊的小客廳，就走過去問他有什麼事，貝茲第歐問客人是否全到齊了。伯爵叫他自己從門縫裡數一數，突然間，貝茲第歐叫了起來。

「啊！就是那個女人！」

「喂！小聲點，那個女人是哪個女人？」

「就是那個穿白衣服，珠光寶氣的金髮女人。」

「那是道格拉斯男爵夫人。」

「沒錯，她就是在花園裡等情夫來的那個女人，啊……啊……」貝茲第歐吃驚得幾乎說不出話來，全身寒毛倒豎。

「貝茲第歐，你怎麼了？」

「啊！就是那個人，就是那個人！」

「那個人是檢察官，他怎麼了？」

「我殺的就是那個人。」

「你是睡迷糊了眼，還是腦袋裡哪根筋出毛病了？」

「都不是，就是那個人，我殺的就是那個人。」

「別開玩笑了，他不是活得好好的嗎？你一定是沒有刺中他的胸膛，不然就是你做了夢，而把夢境當成眞的。冷靜點，快辦正經事去吧！」

貝茲第歐眼睛閃爍出異樣晶亮的光芒，數了數，說共有八人，伯爵冷冷的提醒他說：

「不是還有安德雷·卡波肯第先生嗎？就是那個穿著黑色新衣服的人，他正在往這邊看呢！」

「啊！那個下流痞貝納第！」

貝茲第歐忍不住罵了出來。

六點半，眾賓客都坐下來用餐。晚宴非常豐盛，簡直有如東方帝王的國宴，所有的人都嘖嘖稱奇。

「這到底是什麼魚呢？」道格拉斯問道。

「夏德·雷諾先生曾經在俄羅斯住過，我們請他來回答。另外一盤則由義大利的卡波肯第少校回答。」伯爵說。

「我想這是蝴蝶鯊魚。」夏德·雷諾回答道。

「這一盤是只有在弗洛沙湖才能捕到的八眼鰻吧？」卡波肯第少校說。

「不錯，一盤是從波爾卡河花了十二天，另一盤是從弗洛沙花了八天，請專人送來的。送到的時候，蝴蝶鯊魚和八眼鰻都還是活的。」

「這怎麼可能？」道格拉斯帶著諷刺的微笑說。

「你們去把剩下的魚連同木桶子一起搬來。」

四個僕人遵照伯爵的指示，把兩個舖著海草的木桶抬來，跟餐桌上相同的魚，正在水裡活潑的游來游去。

「眞是太神奇了！」客人都發出了讚嘆聲。但是，原本有如鬼屋般的別墅，只用了五、六天就整修得這樣美輪美奐，更是使得客人驚訝得睜大了雙眼。

伯爵說如果不是管家自做主張，買下這幢別墅，他自己是不可能要的，因爲破舊得太厲害了，尤其是二樓的一個房間，一走進去就覺得鬼影幢幢，所以原封未動，還保存著原來的樣子。

任何人都會對可怕的事物感到好奇的，所有的客人都說想看看那個房間。威爾霍站起來，道格拉斯夫人扶著他的手臂，隨後大家都學他們兩人，紛紛互相挽著手，來到那個房間。裡面的擺飾並沒有什麼特別之處，不過，總覺得陰森森的。

「那紅色的壁毯就像染過血似的。」伯爵說，「還有，那兩幅褪了色的肖像畫的眼神彷彿在說『我看到殺人了』。」

威爾霍臉色蒼白，道格拉斯夫人則感到兩腿發軟，不由得癱坐在壁爐旁的長椅上。

「哎呀！」威爾霍夫人叫了起來，「夫人，妳可眞……可眞大膽，說不定那張椅子上死過人，妳竟然毫不在乎就……」

道格拉斯夫人反彈似的驚跳起來，倚在威爾霍身上，已經半昏厥了，而威爾霍也不得不靠在牆上，才能使自己勉強不倒下來。

道格拉斯夫人被扶到一旁的床鋪上躺下來，伯爵拿出一小瓶紅色液體，滴一滴在夫人嘴唇上，這才清醒過來。過了一會兒，伯爵挽著夫人的手，帶她到花園裡去呼吸新鮮空氣。

「請夫人原諒，像夫人這樣高貴的人，是不應該受到強烈刺激的，不過，我總覺得這幢別墅裡，似乎發生過什麼殺人命案。或許這就是所謂第六感吧！」

「不必擔心，檢察官就在這裡。」威爾霍夫人的聲音從背後傳了過來。

「既然這樣，」伯爵回答道，「那麼我就提出檢舉吧！」

「檢舉？」威爾霍說。

「是的，正好現在有許多證人在這裡。」

「愈來愈刺激了。」德布勒很感興趣的說。

「確實有人在這裡殺過人，各位，請到這邊來，威爾霍先生也請一起來。」

伯爵抓住威爾霍的手，另一隻手則緊緊握住道格拉斯夫人的手，一直走到一棵綠蔭參天的大樹下。伯爵說：

「就是這裡，我的僕人想爲這棵老樹施肥，結果挖出了一個箱子，箱子裡竟然是一個剛出生不久的嬰兒。」

伯爵可以感覺出兩邊的手都在微微顫抖。

「不過，光是這樣並不能構成犯罪，因爲誰也無法證明那是被活埋的嬰兒骨頭。」威爾霍擠出最後一絲力氣叫道。

「但是，檢察官先生，死去的嬰兒沒有必要埋在這裡，這裡並不是墓地。」

聽伯爵這樣說，卡波肯第少校問道：

「在法國，人們是怎樣殺嬰兒的？」

「很簡單，一刀將脖子砍下來。」道格拉斯脫口而出。

基度山伯爵知道被他握住手的兩個人，快要承受不住壓力了，決定今天到此爲止，就帶大家到草坪中央的桌子那邊去喝咖啡。

要回去的時候，卡波肯第少校和道格拉斯談得正熱絡，於是兩個人一起坐上馬車，安德雷·卡波肯第只好一個人回去。他故意裝模作樣，叱罵馬僮，顯示自己的威風，這時候，有一隻手搭上他的肩，他以爲是基度山伯爵，回頭一看，原來是一個鬚髮蓬亂、又髒又臭的流浪漢。

「叫花子，快滾開！」馬僮怕主人發生危險，急忙拿起馬鞭揮趕。

「我不是乞丐，你才給我滾，我是這個少爺的朋友。」

「喂！喂！你到底有什麼事？」

安德雷虛張聲勢，望著對方。

「沒有什麼事，我只要你用馬車帶我一起走，可以嗎？貝納第！」

安德雷聽到對方叫出他的眞名，幾乎吃驚得跳起來。無計可施，只得叫馬僮走路回去，自己拉起韁繩，讓這個乞丐般的巨漢跳上馬車。

「你看我這個樣子，眞是凄慘，不過，你倒像發了財似的。」

「卡德盧斯，剛才在馬僮面前，你那個樣子，差點兒讓我的膽子都要嚇破了。」

「不要再提了。果然你是重情義的人，畢竟我們是患難之交。啊！對了，借我一百法郎。」

「嗯，一百法郎夠嗎？」

「要是有一百五十法郎，一個月的生活費就可以打發了。」

「拿去，這是兩百法郎。」安德雷把錢塞到對方手裡。

「眞是太謝謝你了，不過，你怎麼會這麼幸運呢？」

變成假子爵的卡波肯第在從宴會回來的路上，遇到曾經是杜倫監獄同夥的卡德盧斯，被勒索金錢，進退兩難。

「基度山伯爵替我找到了卡波肯第少校這座挖不完的金礦。」
「那麼，你就說我是你的祖父或伯父，把我也帶到那個人那裡去，如何？」
「等將來有機會再說，就要到巴黎了，你快下車滾吧！」

34 深入調查

道格拉斯夫人從基度山伯爵的晚宴回來後，依然跟關係密切的德布勒談得沒完沒了，這時候道格拉斯走過來，很露骨的說：

「德布勒先生，不必勉強把內人的那些蠢話聽完，反正往後日子還長，今晚請把內人讓給我，我有要緊的話非跟她說不可。」

眼看道格拉斯一副要拚命的樣子，德布勒嘴裡咕嚕了兩、三句就走了。夫妻倆一開口就爆發了激烈的爭吵。

「你不是我的妻子，我也不是妳的丈夫，這四年來，妳跟德布勒眉來眼去，勾勾搭搭，我一直故意裝做沒有看到，當然不會嫉妒、吃醋而光火，我不是那種小人。妳也竟然笨到看不出我們三個人是建立在互相利用的關係上。那個消息靈通的先生，如果不把我先前損失的利益送回來，別想再踏進這個家一步！」

「太過分了！這種話虧你說得出口！」

「這次的事件只要冷靜一想就可以知道了，根本就是大臣爲了報復，所以跟德布勒聯手，製造假情報，要害我破產。」

「這怎麼可能……」

「別以為用信號錯誤就可以搪塞過去。」

「不過，報紙上不是報導說信號手被免職，警方正要拘捕時却已經不知去向了嗎？如果是德布勒先生存心害你，你就應該直接向他說，對我大吼大叫有什麼用？」

「反正我早就把他給看透了，現在正是要讓妳這個笨女人知道我道格拉斯有多厲害的時候了，不管是威爾霍或是德布勒，下次就該輪到他們發抖了。」

夫人原本一直克制著自己，現在一聽到威爾霍的名字，臉色不禁唰的變得慘白。

「你打算把威爾霍先生怎麼樣？」

「非要我說出來不可嗎？好！我就說吧！妳的前夫離家九個月後回來，發現妳懷有六個月的身孕，憤而自殺，因為對方是檢察官，他根本無計可施，如果他有一點財產的話，或許就不會死了。總之，下一個就該輪到妳了……」

道格拉斯夫人徹底被打倒了，她搖搖晃晃的跌坐在椅子上，道格拉斯對裝死的夫人看也不看一眼，逕自開門，走了出去。

第二天，道格拉斯到香榭麗舍的基度山伯爵宅邸去拜訪，閒談中，提出下列兩項要求。

一項是關於卡波肯第父子的，不管這對父子是不是富豪，現在安德雷每個月可以領到五千法郎，只要本人需要，即使再加數千法郎，他也願意。另一項是他想撕毀女兒和亞爾培的婚約，讓女兒和安德雷結婚。

「這麼說，莫塞爾家的門第，要比卡波肯第家差了？」

伯爵問道。道格拉斯冷笑了一聲，回答說：

「道格拉斯也好，莫塞爾也好，都不過是暴發戶，也就是一般人所說的速成貴族，尤其莫塞爾的伯爵更是自己封的，連名字都是假的。」

「眞的？」

「我不騙你。莫塞爾是我三十年來的朋友，我是個寒酸的書記官，他則是窮漁夫的兒子，本名費爾南。原來我想我們有很多地方相同，出身差不多，結這門親事應該很相配，但是莫塞爾似乎有什麼不可告人之事，只要能捉住他的把柄，就是我撕毀婚約的最好理由。」

伯爵看準時機，說道：

「是阿里・帕夏事件吧！」

「你知道眞相嗎？」

「不，那完全是一團謎，不過，如果眞的想知道的話，也不會有什麼困難，你在嘉尼納有客戶嗎？」

「有。」

「你寫信給客戶，問阿里·帕夏被逮捕時，名叫費爾南的法國人在哪裡？在做什麼就可以弄清楚了。」

「太好了！」道格拉斯站起來，歡呼道，「我這就立刻寫信。」

同一天，道格拉斯夫人到檢察官辦公室，跟威爾霍面對面坐在桌子前。

「夫人，妳能依約定時間來到這裡，我很高興，但是很遺憾的，我必須告訴妳一個不好的消息。」威爾霍說。

「你說吧！我已經有心理準備了。」道格拉斯夫人回答道。

「——那天晚上，我等妳把小孩生下來，不久，小孩出生了，我接過來一看，發現嬰兒動也不動，沒有呼吸，我以爲嬰兒早已經死了，就用一個木箱代替棺木，把死嬰放進去，急忙到花園裡去掘洞，要把嬰兒埋起來，但是就在我覆上土時，只見一道有如閃電般的東西刺過來，眼前一黑，以後就什麼也不知道了。……隨後還是妳發現了我，用擔架把我送到馬賽，我在生死邊緣徘徊了三個月，幸好撿回了一條命。後來妳就嫁給了道格拉斯。

恢復意識後，我首先想到的就是嬰兒的屍體。回到巴黎，我馬上到那已成空屋的別墅去，趁著夜晚，找到那棵做了記號的大樹，挖開來一看，木箱早已不見蹤影，那時我想犯人大概以爲我埋的是黃金，所以把木箱帶走了。但是隨著時間的流逝，我有了更可怕的想法，那就是犯人救了孩子，孩子現在還活著。」

「孩子現在還活著？」夫人叫了起來，抓住對方的手。「啊！多麼殘忍呀！你竟然活埋我的孩子。」

夫人驚恐得臉都扭曲了，隨後拿出手帕，努力堵住嗚咽的聲音。

「妳明白了吧？」威爾霍拚命的說明，「完了，我們都完了。特別是基度山伯爵很有可能已經探出我們兩人的秘密，我一看到他的眼睛，心裡就發毛，妳要小心他，一個星期之內，我一定揭發出他的眞相給你看。」

威爾霍立刻開始動手調查基度山伯爵的身分，當天，他寫了一封信給原來的典獄長，現在擔任治安警察勤務的波維爾，兩天後，威爾霍收到了這樣一份報告——

「名叫基度山伯爵的人，經常在巴黎出現，跟現在也旅居巴黎的英國人威爾蒙勳爵來往特別親密，同時和在中東以樂善好施著名的西西里布索尼神父也有深厚交誼。」

威爾霍立即命令部下盡快取得這兩個外國人的詳細資料。資料馬上就送來了。根據資料，布索尼神父現在也來到了巴黎，住在聖·修比斯教堂後面的一間小房子裡，打算在巴黎停留一個月，但是誰也不見，只是不斷的著述寫作。

威爾蒙勳爵則住在楓丹·聖·喬治街，這個英國旅行家把所有的財產都用在旅行上，每天只在寓所裡停留兩、三個鐘頭，一句法語也不會說，但是聽得懂。

第二天，有一個人去拜訪布索尼神父，神父不在，晚上八點再去，終於見到了。神父頭戴有如中世紀僧帽般的頭巾，坐在堆滿古書的房間裡。來訪的人說他是巴黎的治安警察，請神父告訴他一些和基度山伯爵有關的事情。

「伯爵是怎樣的一個人呢？」

「我知道他是一個非常慈悲的人，羅馬教皇為了嘉獎他對基督徒所做的偉大善行，特別頒給他『基督騎士』的稱號，除了皇族之外，一般人是很難獲得的。另外，他對王室和國家也竭誠盡忠，得到了五、六個光榮的勳章。」

「他常常掛那些勳章嗎？」

「從來不掛。」

「他有朋友吧？」

「我和威爾蒙勳爵。我很喜歡他，但是他跟威爾蒙勳爵似乎不怎麼要好。」

「你知道伯爵為什麼買下奧伊特的別墅嗎？」

「他想成立一家精神病醫院，就像比薩尼男爵在帕雷蒙所建的那樣。」

客人告辭離去。

一個鐘頭以後，這個客人到威爾蒙勳爵在巴黎的寓所。他等了好幾個小時，才被請進點著微弱燈火的客廳，終於見到了頭髮斑白，留著連鬢鬍鬚的威爾蒙勳爵。威爾蒙勳爵身穿藍色禮服和白色薄毛呢背心，一副英國打扮，他對客人說：

「我不會說法語，但是你可以用法語，我聽得懂。」

客人提出相同的問題。

威爾蒙勳爵詳細說明了布索尼神父不知道的許多事情。威爾蒙勳爵和基度山伯爵是在戰場上認識的，在那場戰役中，伯爵成爲俘虜，被送回英國本土途中，從運輸船上跳進海裡逃走，從那時候起，伯爵開始了旅行、決鬥和熱情的生活，隨後參加希臘的叛亂，在戰爭中偶然發現了銀礦，向國王取得了採礦權，每年有數百萬的收入，但是一旦銀礦掘盡，伯爵一定會變得身無分文的。威爾蒙勳爵很輕蔑的這樣說道。

「不過，伯爵爲什麼來到法國呢？」治安警察問。

「他想發一筆鐵路財，但是他根本成就不了什麼大事業，他太吝嗇了。」

「你知道伯爵爲什麼買下奧特伊別墅嗎？」

「知道，那個騙子打算在那裡蓋一家旅館，不過，不會成功的，到時候我一定在一旁鼓掌叫好。」

「可是，你爲什麼這樣討厭伯爵呢？」

「那個人到處拈花惹草，在英國，連我朋友的妻子都想染指。我跟他已經決鬥過三次了。」

「結果呢？」

「第一次我被他用手槍打中手臂，第二次他的劍在我的胸膛上劃過，第三次他的大刀在這裡留下這個傑作。」

說著威爾蒙勳爵拉下一直覆到耳朵邊的襯衫衣領，露出一條舊傷痕。

「不過，下次我一定一劍刺穿那傢伙的心臟。」

威爾蒙勳爵嘮嘮叨叨，說個沒完，不過，客人已經不想再聽下去，站起來告辭走了。

威爾蒙勳爵確定客人的馬車已經走遠了之後，走進臥室，脫下金髮，撕掉焦黃的連鬢鬍鬚和舊傷痕，露出臉來，不是別人，正是基度山伯爵。坐馬車回去的也不是普通的治安警察，而是威爾霍。

35 備忘錄

桑・梅朗侯爵夫人一到達威爾霍家，就累得躺倒在床上。姥姥躺在床上，握住孫女兒的手說，爺爺爲了商談芭蘭蒂的婚姻，從馬賽出發，不幸途中病逝，自己也活不久了，希望在有生之年，能夠完成爺爺的遺願，看到孫女兒和佛朗茲・第比內完成婚禮。

芭蘭蒂好幾次想向姥姥說出詳情，如果心愛的馬克西米不是平民的話，她一定會毫不猶豫就說出來，但是氣性高傲的桑・梅朗侯爵夫人，根本就不會允許門不當戶不對的婚姻的。

這兩個不幸的戀人總是在宅邸邊柵欄隔開的花壇旁悄悄見面，但是他們無計可施。馬克西米眼睛裡佈滿了血絲，說道：「妳就要和佛朗茲訂婚了，他今天已經到了巴黎。現在我們站在命運的叉路上，沒有時間再去嘆息和哭泣。我考慮了很久，決定採取相愛的人最後的手段，我帶妳到我妹妹那裡去，再說服妳的家人，等待他們允許妳回來巴黎的那一天。若是妳不願意這樣做，我們可以到阿爾及利亞或英國去，永遠都生活在一起。」

芭蘭蒂臉色蒼白，搖搖頭，回答說：

「這是瘋子的想法，如果我不阻止你，我一定是比你更瘋了。」

「這麼說，妳要屈從命運的安排了？再見了，芭蘭蒂，請妳永遠忘了我……」

馬克西米轉身就要離開。

「你要到哪裡去？馬克西米！求求你告訴我，跟我分手後，你打算做什麼？」

「我不想再增添妳家麻煩，再見了，我將在河邊的森林裡，用槍打穿腦袋……」

芭蘭蒂跳了起來，眼淚有如斷了線的珍珠般從臉頰上滾落下來。

「我求求你，請你活下去，你是我在這個人世間的哥哥，在天國裡的丈夫，請你活下去。我已經下定了決心，請你吩咐我該怎麼做，我要把這個家的一切都拋棄，啊！我是多麼不孝呀！不過，只要能跟著你，到哪裡我都願意去……」

兩個人隔著柵欄，相擁而泣。

幾天後，發生出人意外的命案，桑・梅朗侯爵夫人突然暴斃，醫生診斷是藥物中毒死亡，只是不知是夫人誤飲毒物，還是別人下毒，因爲是發生在檢察官宅邸裡，警方也沒有追究死因就埋葬了。

芭蘭蒂處處受到監視，不能隨意外出，威爾霍決定讓她跟佛朗茲正式訂婚，桑・梅朗侯爵夫人喪禮辦過後就要在婚約上簽名，屆時公證人會來。

不久，門口傳來了馬車聲響，公證人下了馬車，另一輛馬車則下來了佛朗茲和夏德・雷諾。芭蘭蒂一臉驚恐，坐在客廳裡，只有威爾霍冷靜得怕人。

公證人把資料擺在桌子上，扶一扶眼鏡，看著佛朗茲說：

「你是第比內男爵，佛朗茲‧第比內先生吧？你和威爾霍先生的小姐結婚，小姐的祖父的全部財產就將捐給慈善機構，你承認這個事實嗎？你有異議嗎？」

「我從來就沒有想過芭蘭蒂小姐的財產。」

「人愈老就愈任性，而且我父親也有些神志不清了……」

威爾霍不斷的在一旁叨唸，這時候，客廳的門打開了，老僕人巴洛瓦露出臉來。

「諾華第耶先生說有話要對第比內先生說。」威爾霍全身微微哆嗦起來，夫人看著自己的膝蓋，公證人則屏住氣息，靜觀變化。

「不行，」威爾霍說，「第比內先生現在不能離開客廳。」

「諾華第耶先生說自己過來這裡。」

大家的驚愕達到了頂點。

「既然這樣，」佛朗茲說，「我還沒有見過諾華第耶先生，我很樂意向他問候。」

「那倒不必。」威爾霍表示反對，但是佛朗茲早已登上樓梯，芭蘭蒂跟在後面。事到如今，所有的人只好都跟過去了。

諾華第耶身穿黑衣服，坐在扶手椅上。他用眼睛和大家打過招呼後，立刻叫芭蘭蒂到身邊來，打開櫥櫃，從辭典裡找出「秘密」這個單字，然後從雙層抽屜裡，拿出一包資料。

諾華第耶用手勢叫佛朗茲讀出來，紙袋拆開後，只見資料上寫著——

「一八一五年二月五日，聖・傑克街拿破崙黨俱樂部集會備忘錄。」

佛朗茲把資料放下來，不想讀下去。

「我父親是在這一天被暗殺的，這一天他離開俱樂部後，隨即就下落不明。」

諾華第耶用眼睛強迫佛朗茲非讀不可。

「根據艾爾巴島的來信，皇帝推薦佛拉維揚・第比內將軍，要大家出席二月五日的集會。集會在晚上九點開始，俱樂部會長駕著馬車去迎接將軍，用布把將軍的眼睛蒙住，好讓將軍不知道集會的場所。將軍當時是王黨，當然對皇帝絕對效忠，過去十年來，深得皇帝信任。艾爾巴島的來信宣讀後，得知皇帝不久即將返國。『現在請你表態。』會長說。將軍回答說他無法支持皇帝。

會長說：『艾爾巴島的皇帝似乎看錯人了，你爲了推翻我們，才和王黨結合在一起，我們已經無法再請你合作，但是我們要求你能做出紳士的舉動來。』將軍回答說：『你們所謂的紳士，就是不要把這場陰謀洩露出去的人，但是我把這種人叫做共犯。』

『將軍，』會長逼近過去，『你現在是站在王那一邊吧？』『不錯！因爲我屬於王黨。』旁邊的人聽了，全都發出了鼓譟聲，一致要求將軍取消這句話。最後會長說：『爲了這許多曾經信任過你的老朋友，請你發誓絕對不把我們的事情說出去，否則，你別想活著走出這裡。』

會長話一說完，房門就被上了鎖，將軍臉色蒼白，過了一會兒，終於簽下『我以名譽發誓，絕對不把一八一五年二月五日，晚上九點到十點之間，所看到的和所聽到的事情說出去，若有違背，死無異議』的宣誓文。隨後將軍說：『那麼我可以走了吧？』會長把將軍的眼睛蒙住，帶上馬車。『要我送你到哪裡呢？』會長問。『送到看不到你們這些人嘴臉的地方。』將軍傲慢的回答道。『請你說話小心點！』會長指責將軍，但是將軍卻愈罵愈難聽，會長不得不把馬車停下來。那裡正是歐姆河岸的入口。

『爲什麼停在這裡？』將軍怒吼道。

『你侮辱了我，在沒有聽到你取消剛才的話語之前，我們一步也不會前進。』

『看來你是想玩眞的了。』將軍說著，把蒙住眼睛的布扯下扔掉。

下到河岸的石階凍了一層厚厚的冰。同行的兩人成爲決鬥見證人，他們用角燈檢查了一下武器，將軍的劍鋒利雪亮，會長則用隱在手杖裡的長劍對抗。

兩人的劍宛如閃電般耀眼，將軍第一劍刺得有些急躁，後退時跌了個四腳朝天，會長走近將軍身邊，想要拉他起來，但是將軍猛然跳起，發動攻勢，可是却又立即躺倒在地。這次是見證人走過去要拉將軍起來，不過他們的手觸到的却是溫熱的血。

五分鐘後，將軍嚥下了最後一口氣。將軍是爲了名譽決鬥而喪命，而不是世人所傳說的

署名人　波卡爾

杜辛雅比

魯夏巴爾」

被暗殺。

「諾華第耶先生，」佛朗茲轉向老人，「請你告訴我會長的名字。」

老人用眼睛對芭蘭蒂示意，要她翻開辭典，然後視線停在「我」這個字上。

「會長就是你？」佛朗茲叫了起來，「原來就是你殺了我父親！原來就是你！」

老人用表示「是的！」的威風凜凜眼神看著佛朗茲。佛朗茲全身癱軟，跌坐在扶手椅上，

威爾霍則打開門，躲了出去。

36 嘉尼納通訊

佛朗茲寫了一封信給威爾霍解除跟他女兒的婚約，信中語氣強硬，毫不留情，使得自尊心極強的威爾霍大受打擊。

夫人則鬆了一口氣，特意到諾華第耶的房間去，表示佛朗茲能夠解除婚約，眞是太好了，並且希望老人把財產全都送給芭蘭蒂。

第二天，老人馬上叫來公證人，把上次的遺囑撕毀，重新立了遺囑，條件是芭蘭蒂只要不離開自己身邊，就可以獲得全部財產。

威爾霍家婚約解除的消息傳出來後，莫塞爾伯爵立即到道格拉斯宅邸拜訪。道格拉斯正忙著結算月底的盈餘，一看到這個老朋友的臉，立刻就顯出不悅的神情，擺出驕傲的姿態，坐在扶手椅上。莫塞爾露出諂媚的笑容說道：

「上次我向你提出的事情，你考慮得怎麼樣了？」

「什麼事情呢？」銀行家佯裝不知。

莫塞爾的笑容在臉上僵住了，他站起來，頭垂得低低的說道：

「就是我兒子亞爾培子爵想娶你的小姐尤姬妮爲妻的事情。」

道格拉斯皺了皺眉頭，不耐煩的回答道：

「伯爵，在答覆你之前，我得再仔細想想，因爲情況已經改變了。」

「什麼？怎麼會突然變卦呢？我們交情不淺，怎麼可以說變就變，我要求你立即給我說明理由。」

「當然可以，不過，你大概聽不進去吧？」

「換句話說，你反對他們結婚？」

「不！」道格拉斯的態度模稜兩可，「我只是想再延長考慮的時間而已。」

「你要我一直等下去嗎？」

「伯爵，要是你不願意等，大可以取消我們當初的約定。」

心氣高傲的伯爵差點兒就爆發起來，但是他咬緊牙關忍耐住了，拿起手套就離開道格拉斯宅邸。

第二天早上，道格拉斯一醒來，就叫僕人送來幾份報紙。他最先翻開的是《大眾報》，這是波尚擔任主編的報紙。在社會欄上，他看到了「嘉尼納通訊」這樣一則報導。

「嗯，這一則關於費爾南上校的報導，大概可以代替我向莫塞爾說明了。」道格拉斯自言自語道。

這時候，穿著黑衣服，鈕扣扣得整整齊齊的亞爾培來訪。

「男爵，」亞爾培看到道格拉斯，立刻說道，「我是來請你做決鬥的見證人的。」

「決鬥？對方是誰呢？」

「波尙。」

「爲什麼要跟波尙決鬥？」

「請你看這篇報導。」

亞爾培拿出一份報紙交給道格拉斯，標題上寫著：「嘉尼納通訊」——

向來不爲人知的眞相終於大白，嘉尼納城是在受到阿里・帕夏總督全面信賴的法國人軍官費爾南手中，被出賣給土耳其軍的。

「原來你是不滿這個，不過，嘉尼納城被叫做費爾南的軍官出賣，跟你有什麼關係呢？」

「關係可大了。我父親莫塞爾伯爵的洗禮名就叫費爾南。」

「你父親在阿里・帕夏麾下服務過。可是，在法國，誰也不知道名叫費爾南的軍官，跟莫塞爾伯爵是同一人呀！一八二二年的事情，誰也不會記得的。」

「不！這是陰謀，故意提起人們已經遺忘的事情來侮辱我父親的名聲。我不能眼睜睜看著波尙發表這樣的報導，我一定要他取消。」

「我不是叫你不要決鬥，只是在決鬥之前，希望你能好好考慮一下，不妨先去找波尙理論看看。」

「就這樣辦，那麼我告辭了。」

亞爾培拿起帽子走了出去。

二十分鐘後，依然怒不可遏的亞爾培在報社陰暗而髒污的辦公室裡，大聲詰問波尚。他說昨天的嘉尼納通訊已經傷害了家人的名譽，要波尚取消。

「這個軍官是你的親戚嗎？」

波尚看完通訊後問道。

「不錯！是我父親。我父親被你的報紙誹謗，如果你承認我是你的朋友，就請你取消這則報導，不！非取消不可！」

「這話不通，即使你是我的朋友，也不能取消。對報紙來說，取消報導是非常重大的。」

「但是，請你站在我的立場想想看吧！他是我父親啊！」

「你正在憤怒……我了解你的心情。」

「這麼說，你願意取消了？」

「可以取消，」波尚說道，「不過，必須在確認報導有誤之後。」

「沒有確認的必要！」

亞爾培怒火衝天，忍不住大聲吼了起來。

「莫塞爾子爵，難道你脅迫我，要我不管關於費爾南上校的報導是否眞假，非取消不可嗎？」

「不錯！我要求你這樣做！」

亞爾培幾乎氣瘋了。

「如果我不答應呢？決鬥嗎？」

「當然！」亞爾培聲嘶力竭的喊道。

「既然這樣，我的答覆是，那則報導並不是我刊載的，我並不知道有這樣一則報導。現在情況已經演變成這樣，我只有跟這則報導站在同一邊，也就是在找出能否認報導內容之前，我要一直讓這則報導刊載下去。」

「隨便你！」亞爾培站起來說道，「我會找來見證人，決定場所和武器，只要你同意，今天晚上也……」

「該去的時候，我一秒鐘也不會遲到。我要求延後三個星期，爲了究明眞相，三個星期的時間是必要的。」

亞爾培扭曲著臉。雖然他整個人都快要氣炸了，但還是不得不認爲波尙的要求是合理的。

37 告發

馬克西米被諾華第耶老人喚進房間裡，看到芭蘭蒂身穿喪服，衣裙發出窸窣聲，款款走來，美得令人眼睛爲之一亮。馬克西米向老人道謝，感激老人把他和芭蘭蒂從絕望中挽救出來。老人用慈祥的眼神聆聽著，隨後向芭蘭蒂示意。

「好的，我把爺爺的吩咐說出來。」芭蘭蒂對馬克西米說，「我不能離開爺爺身邊，這是爺爺的願望。如果我父親許可，我立刻就離開這個家，如果不許可，我就一直等到十八個月後成年爲止，到時候我就可以自由獨立，並且擁有財產，然後求得爺爺同意，我就能夠完成對你的承諾了。」

老人點點頭，連在旁邊聽著的巴洛瓦，也露出高興的神情。不過，這個老僕人看起來燠熱難忍，光禿的額頭上綴滿了晶亮的汗珠。他剛才在艷陽下奔波，忙著把馬克西米接過來，才會熱得滿身大汗。諾華第耶看著他的汗水，把眼神轉向放著檸檬汁的瓶子和杯子的托盤。三十分鐘前老人喝了半杯，還剩半杯在那裡。

「巴洛瓦，你把檸檬汁喝了吧！」

芭蘭蒂說道。巴洛瓦很高興的拿起杯子，退到走廊上去，一口喝乾。

芭蘭蒂和馬克西米正要向老人告辭時，威爾霍房間的樓梯口傳來鈴響，通知客人到達。

芭蘭蒂看了一下鐘說：

「已經中午了，一定是醫生來了。」

這時候，巴洛瓦跌跌撞撞走了進來。

「巴洛瓦，你怎麼了？」馬克西米叫道。

巴洛瓦躺在地上，全身不住痙攣抽搐，臉色像紙一般蒼白。

「老……老爺……我……我好痛苦……已經……已經看不見……火花……火花……」話還沒有說完，巴洛瓦的頭就垂了下去，轉眼之間身體變得僵硬起來。

「達比里尼大夫！達比里尼大夫！」

芭蘭蒂大聲驚叫起來，威爾霍聽到喧鬧聲，奔跑過來，馬克西米急忙躲到帘幕後面去。

「發生什麼事了？」威爾霍夫人冰冷而鎮靜的聲音先傳了過來，接著才看到她挪著緩慢的步伐走進來，她先看了諾華第耶老人一眼，然後才看著躺在地上的老僕人。

「巴洛瓦的脖子又粗又短，一定是中風。」

說著，她就跟去叫醫生的威爾霍一起走出房間去了。

瞅準這個空檔，馬克西米立即溜了出去，醫生從另一邊的門走了進來，把巴洛瓦抬到長椅上去。醫生拿起剛才巴洛瓦喝過的檸檬汁杯子，問道：

「這是誰讓巴洛瓦喝的？」

「是我。」芭蘭蒂回答道。

「怎麼樣？一直昏迷不醒嗎？」威爾霍問道。

「已經死了。」醫生回答道。

「這麼快……」

「是的，而且是跟桑‧梅朗夫人同樣的症狀。」

「你說什麼？」威爾霍驚恐得叫了起來，「這太……太恐怖……」

「是的，是同一種毒藥，事到如今，我已經無法隱瞞了。」

威爾霍全身哆嗦，呻吟般的喃喃說道：

「宅邸裡有死神！」

「應該說宅邸裡有人犯罪才對。」醫生訂正道。

「我家裡有人犯罪？啊！我覺得自己快要瘋了。」

「你的家人中隱藏著可怕的殺人犯，不過，犯罪一定有理由的，請你想想看，在這樣的命案中，有誰會得到利益？」

「大夫，我承認有人犯罪，我總覺得，命案的受害人是我。」

「威爾霍先生，我不明白巴洛瓦為什麼被殺，不過，我想或許有人要殺害諾華第耶先生，結果誤殺了巴洛瓦。」

「但是，為什麼我父親沒有死呢？」

「桑・梅朗夫人遇害時，我也在花園裡告訴過你，你父親的身體已經習慣了那樣的毒物，兇手不知道我在治療你父親中風的藥裡加上了馬錢子。事實上，兇手也殺害了桑・梅朗侯爵。」

「這怎麼可能——」

「我可以發誓。兇手先解決掉侯爵，接著再除掉侯爵夫人，這都是為了遺產。第三個對象就是你父親，你父親立下遺囑說要把財產捐給窮人，所以——」

「啊！大夫，請你憐憫我女兒——」

「你這個做父親的，終於說出兇手的名字來了，不過，這不是憐憫不憐憫的問題，這是犯罪。寄給桑・梅朗侯爵的藥，是由芭蘭蒂親自包好的，後來她又為桑・梅朗侯爵夫人煎藥，諾華第耶先生每天早上喝的檸檬汁，是她拿給巴洛瓦的。芭蘭蒂就是兇手，我要檢舉她。你也不要忘記法官的義務——」

威爾霍雙膝跪地，哀求道：

「不！我女兒不是兇手，我家裡沒有人犯罪，也沒有兇手。你看錯了，我女兒如果被當成兇手，會處死刑的……」

「那麼，再見了，要是府上再有人生病，我也不會來了。」
「大夫，你要棄我於不顧嗎？」
「當然。不過，這個可怕的秘密，我不會說出去的。巴洛瓦的死因就說是腦溢血吧！」
醫生沒有跟威爾霍握手，就頭也不回的走了。

38 退休的麵包師

莫塞爾伯爵從道格拉斯那裡怒氣衝天的回來後，那天晚上，安德雷・卡波肯第就坐著馬車去拜訪道格拉斯宅邸了。他把鬈曲的頭髮梳得光亮鑑人，髭鬚的前端捻得又尖又翹，戴了一副很緊的白手套，連指甲的形狀都看得出來。

才在客廳裡說了十分鐘的話，他就很巧妙的表露出對尤姬妮小姐的深切愛慕。道格拉斯早就在等待他開口了。

「我父親知道我要來巴黎，出發時，留了一封信給我說，如果我在巴黎娶到了妻子，從結婚那天起，他每年給我十五萬里佛爾，這大約等於我父親年收入的四分之一。」

「我也打算每年給我女兒五十萬法郎。」

「這樣兩個人加起來就有十七萬五千里佛爾了。另外，如果我父親一次就全給我，兩、三百萬法郎的利息，就要請你幫忙了。」

「我向來只付四分利，不過，女婿的話，就算五分吧！」

兩個人立刻把結婚的話題轉到庸俗的金錢交易上。

「我跟未來的岳父已經談妥，現在要跟銀行家的你商量了。伯爵怕我這個月的開銷不夠，又給了我兩萬法郎的支票。」

「像這樣的支票，即使是一百萬法郎，我也可以立即支付。」說著，道格拉斯收下了支票。

第二天，道格拉斯果然付給了安德雷兩萬法郎。安德雷留下兩百法郎給卡德盧斯，就到外面去閒逛，晚上很晚才回來，旅館的服務生交給他一封信說：

「來向閣下拿錢的那個人來不及等閣下回來，留下這封信就走了。」

安德雷打開信，只見上面潦草的寫了幾個字──

「你知道我住的地方，明天早上九點，請來一趟。」

那天晚上，安德雷特地住到一家小旅店去，在那裡化裝成馬僮的模樣，天亮後，來到又髒又臭的美尼蒙坦街，向路人詢問，一個路人告訴他說：

「那個退休的麵包師就住在廣場左邊的四樓。」

「噢！歡迎歡迎，我做了好吃的菜，等你一起來吃。」卡德盧斯露出卑賤的笑容說道。

「什麼？大老遠叫我來，就是爲了跟你吃一頓早餐嗎？你這混蛋！」

「別生氣，這是因爲我喜歡你啊！你不要忘了，我既沒有過奢華的生活，也沒有馬車，更沒有僕人。」

「我不是每次都給你兩百法郎嗎？這還不夠嗎？你這個叫花子！」

「我可不感激你那給得不情願的錢。如果你想做那個道格拉斯男爵的女婿，出手最好大方點。」

「你少信嘴胡說！」

「胡說？你等著瞧好了，道格拉斯也是我的老朋友，女兒的婚禮非邀請我不可。現在他雖然高高在上，但是從前在莫雷爾先生手下，也不過是個小會計而已。而那個叫做莫塞爾伯爵的笨蛋，我們也曾經有過來往呢！」

兩個人狼吞虎嚥的吃起了早餐。

「趁著現在風風光光，最好把錢都搜刮到手，反正遲早狐狸尾巴會露出來的。你可以在基度山伯爵的宅邸進出嗎？」

「什麼時候想去就可以去。」

「如果伯爵的錢包掉到地上，值得彎下腰去撿起來嗎？」

「宅邸裡到處都鑲著金塊銀條。」

「聽了叫人心裡癢癢的，安德雷，帶我去見識見識吧！」

「宅邸的內部是這樣的。」

說著，安德雷在破桌子上舖好紙，拿出筆，畫起圖來。

「這裡是一樓的食堂，有兩個客廳，一間撞球室，後面的樓梯……我曾經對伯爵說不要那麼疏忽大意，他每次到奧特伊的別墅時，連僕人都一起帶去，宅邸裡空無一人，如果小偷進來了……但是伯爵說小偷進來也無所謂。」

「眞是豪爽。」

「起居間的桃花心木桌抽屜裡，黃金和寶石裝得滿滿的。」

「起居間在哪裡呢？二樓嗎？」

「是的，每星期伯爵會去奧特伊的別墅兩、三次。」

卡德盧斯凝視對方的臉。浮現出令人厭惡的狡猾微笑。

第二天晚上，基度山伯爵對貝茲第歐說，法國頂多再停留一個月，要他準備好隨時都可以出發，並且還吩咐說：

「或許我要在一個晚上從巴黎趕到特勒波爾，你在途中八個地方爲我準備好替換的馬匹，以便能夠在十個小時之內跑兩百公里。」

這時候，僕人送來了一封快信，信中寫道——

「今天晚上有人會闖進府上，竊取寢室和起居室的財物，伯爵是個有勇氣的人，應該不會向警方報案。但是請伯爵小心門戶。歹徒第一個計劃若是失敗，就會進行第二個計劃，屆時我會再通知伯爵。」

伯爵看了信，隨即叫僕人都到奧特伊的別墅去。

宅邸裡只剩下伯爵和阿里兩個人，他們準備了騎兵長槍和兩把手槍，有這些武器，至少可以應付五個敵人了。

午夜過後，果然有人翻牆進來，好像是兩個人，其中一個人上了二樓，來到寢室門邊，黑暗中傳來開鎖的咔嚓聲，伯爵那銳利如貓般的眼睛，看到小偷的臉跟著微弱的提燈光芒一起從門縫間露出來。伯爵用手勢制止阿里不要出聲，接著脫下身上的衣服，有如名演員般，穿上教士的服裝，戴上假髮，轉眼之間就變成了一個神父，走近正在一心一意要打開抽屜鎖的小偷，把手中的燭台向前一照，打招呼說：

「你好……卡德盧斯先生，這麼晚了，你有何貴幹？」

「啊！布索尼神父！」

卡德盧斯差一點兒沒有被嚇死。

「是的！我是布索尼，我們已經好久沒有見面了，你還能記得我，眞叫人高興。」

神父是這樣的冷靜，這樣的威嚴，而且話語中充滿了譏刺，卡德盧斯不禁畏縮成一團。

「神父！神父！」他只能牙齒打顫，這樣喃喃叫道。

「你是來基度山伯爵這裡，想偷什麼東西的吧？看！你帶著提燈，手裡又有這一大串鑰匙。可見你並沒有悔改，還在爲非作歹。」

潛入基度山伯爵宅邸偷竊的盜賊，竟然就是以前從布索尼神父那裡得到鑽石的那個客棧老闆——卡德盧斯。

「神父，那都是我老婆唆使我幹的，法院也知道不是我，我只不過是代替我老婆入獄而已。」

「不過，我想你又得回去監獄裡了，這次一定逃不過死刑的。」

「請原諒我，神父，你已經救過我一次，請再一次……」

「你服刑還沒有期滿，就越獄脫逃，簡直是罪上加罪。」

「這都是跟我關在同一間牢房的小流氓貝納第唆使我的。」

「你一直和那個貝納第一起嗎？」

「不！已經分手了。」

「你又在說謊！現在那個人還是你的朋友，而且，你就靠他給你的錢過活。」

卡德盧斯跪在神父的腳下說：

「神父，你的眼睛眞是厲害，什麼都知道，我確實還跟貝納第有來往，不過，他現在已經跟以前不同了，他是一個大貴族的兒子。」

「那個大貴族是誰？」

「基度山伯爵，就是這幢宅邸的主人。」

「你說貝納第是伯爵的兒子？」這次是神父吃驚了，「那個貝納第，現在叫什麼名字？」

「安德雷・卡波肯第。」

「這個人，我知道，他獲得我的朋友基度山伯爵的許可，能夠在宅邸裡自由出入，並且最近就要和道格拉斯的女兒結婚了。你知道他的眞實身分，以及他所幹過的壞事，但是却睁一隻眼閉一隻眼，跟他勾結來往。」

「神父，請你高抬貴手……放我們一條生路，不然，我們都會餓死的。」

「你是要我包庇你們做壞事嗎？辦不到，我一定要向道格拉斯揭發出來。」

「可惡！」卡德盧斯吼了起來，抽出預藏的尖刀，突然對準神父胸口刺去，不過，下一瞬間，卡德盧斯馬上驚訝得闔不攏嘴，因爲尖刀已經扭曲彈回來。神父將卡德盧斯的手反絞到背上，把他的臉按在地板上。神父的力量奇大無比，卡德盧斯動彈不得。

「壞蛋！看我把你的頭擠碎。」

「啊！啊！饒命，饒命……」

神父把手鬆開，大吼道：

「給我站起來！」隨後接著說，「這裡有紙和筆，照我說的寫上！」

「我不會寫字。」

「胡扯！快點拿起筆來！」

卡德盧斯除了遵命奉行之外，別無他法——

「現在在你家自由出入，將來有可能成爲你的乘龍快婿的人，是跟我一起從杜倫監獄脫逃的囚犯。他五十九號，我五十八號。他名叫貝納第，但是他從來沒有見過自己的父母，也不知道自己的眞實姓名。」

卡德盧斯被逼簽下名字，收信人則寫上道格拉斯男爵。

「這就可以了，現在你從剛才進來的窗戶再爬出去，若是你能平安回到家裡，立刻給我滾出巴黎！」神父命令道。

卡德盧斯不知道什麼時候會挨槍，全身哆嗦，果然從窗戶爬出去了。神父把燈火吹熄，看著他逃去。卡德盧斯先慢慢爬上梯子，把頭探出圍牆，看看大馬路上有沒有行人，隨後跨坐在牆頭上，接著悄悄溜下去，就在他的腳要著地時，他的後背中了一槍，然後腹部挨了一刀。他大喊了一聲：「殺人呀！」立即趴倒在地。對方立刻揪住他的頭髮，往他的胸口又補了一刀，兇手以爲卡德盧斯已經嚥氣，隨即揚長而去。

卡德盧斯掙扎著爬起來，叫道：

「殺人呀！神父，救命……」

宅邸後樓梯的門打開了，花園的木門也打開了，持燈的阿里和伯爵走了出來。受傷的人立即被抬到一個房間裡，脫掉衣服，確定三個地方都是命中要害，伯爵吩咐阿里說：

「你去請威爾霍檢察官來，順便把看門人喊醒，叫他帶醫生來。」

伯爵看著瀕死的卡德盧斯。卡德盧斯顫動著嘴唇說：

卡德盧斯睜開眼睛，「我就要死了……」

「殺我的人……」

「你知道是誰嗎？」

「是貝納第。我知道他的秘密，所以他要除掉我。啊，已經不行了，我就要死了……」

卡德盧斯開始翻白眼，伯爵拿出小藥瓶，往他嘴唇上滴了兩、三滴。卡德盧斯睜開眼睛，嘆息道：

「我要控告他，神父，請為我報仇。」

「好，我替你寫控告信，你在上面簽名就行。」

伯爵這樣寫道——

「我是死在杜倫監獄同一牢房的五十九號囚犯，科西嘉人貝納第手裡的。」

卡德盧斯使出全身的力氣簽下姓名後，又砰然一聲，癱倒在床上。

「神……神父……請……請給我水……」

伯爵在臨終的人面前，取下化裝用的假髮。

「現在，你仔細看著我。」

「啊！你不是布索尼神父……是……是威……威爾蒙勳爵！」

「不！我不是布索尼，也不是威爾蒙，你再想想更早以前的事情。」

「這麼說，你是……」

伯爵在感覺已經僵硬的人耳邊，說出自己的本名艾德蒙・丹迪斯。卡德盧斯雙手合十，高高舉起，氣若游絲般喊道：

「上帝！請把我的性命收回去！」

39 秘密旅行

隨後的兩個星期，全巴黎都在議論伯爵宅邸所發生的竊盜案件。遇害的人控告信中很明確的指出是貝納第下的毒手，甚至還有簽名。卡德盧斯的尖刀、一串鑰匙和衣服交由法院保管。而伯爵對於任何人的詢問都只回答說，命案發生那天晚上自己並不在宅邸裡，除了從偶然來到宅邸過夜的布索尼神父那裡聽到的之外，一切都不清楚。

威爾霍則說自己既然被請去查證，一定要親自辦這個命案，隨後就以向來慣有的嚴謹，四處查訪。

在這期間，波尚向亞爾培要求的三個星期也已經到期。一天早晨，亞爾培在睡夢中被叫醒，原來是波尚來訪。

「我也正想去找你了，波尚，你打算使用什麼武器？」

「亞爾培……」波尚很難過的說，「我去了嘉尼納。」

「你去了嘉尼納？」

「我沒有騙你，你看，這是我的旅行許可證。我整整花了三個星期，今天早晨才回來，立刻就趕到你這裡來。很遺憾的是，那則報導是眞的。」

亞爾培一聽，臉色霎時變成了死白。

「那麼，那麼出賣總督的費爾南……」

「請原諒我這樣說，那個人就是你父親，這些資料可以證明。」

亞爾培哆嗦著手，打開資料來看。四位嘉尼納的名士作證說，嘉尼納城確實是阿里·帕夏總督的軍事教官費爾南上校，以兩千布盧斯的代價出賣給敵人的。上面還有法國領事的證明。

這樣一來，再也沒有絲毫可以懷疑的餘地了。亞爾培大聲嘆息，跌坐在椅子上。

「在這個人世間，像這樣追根究柢的事情多的是，而且現在也不是孩子要背負父母的罪惡的時代，你大可以不必放在心上。我就把證據湮滅，讓這個秘密只有我們兩人知道。我發誓絕對不會說出去。」

亞爾培感激得緊緊擁抱住波尙。證據立即扔進火爐裡，燒成了灰燼。

隨後他們倆坐馬車到布洛紐森林去繞了一圈，散散心。忽然想起基度山伯爵的宅邸就在這裡，於是聯袂登門拜訪。

看到兩個青年攜手進來，伯爵愉快的上前迎接說：

「看來事情已經圓滿解決了，恭喜兩位！」

「是的，」波尙回答道，「無聊的空穴來風已經自然消失，再也不會有第二次了，我們決定從此隻字不提這件事。」

「我也有同感，」伯爵說，「不過，亞爾培，你怎麼了，好像一點精神也沒有嘛！」

「不知道怎麼搞的，最近老是頭痛。」

「我有很好的偏方。」

「什麼偏方呢？」

「就是外出旅行。這幾天不如意的事情一件接著一件，我也想出去走走，怎麼樣？亞爾培，願意跟我同行嗎？」

「樂意奉陪，不過，到哪裡去呢？」

「我已經很久沒有看到海了，我想到海邊去。」

「海邊？那太好了，伯爵。」

「那麼，今天晚上我會在宅邸前備好一輛旅行馬車，波尙，你也一起去吧？」

「很可惜，編輯工作太忙了，我一時沒有辦法脫身。」

那天晚上，旅行馬車出發了，馬蹄輕快，簡直就像長了翅膀在飛翔似的，亞爾培讚嘆不已。

「伯爵，有生以來，我第一次嘗到陶醉的滋味，這大概就是速度的魔力吧！」

亞爾培的頭痛和憂鬱全都消逝得無影無踪。馬車以同樣的速度奔馳而去，預先配置在旅店的三十二匹馬，只花了八個鐘頭就跑完了兩百公里。

半夜，馬車抵達了座落在一片美麗庭園中央的宅邸前。即使只住兩、三天，基度山伯爵也要把生活安排得非常舒適而豪華。

來到這裡的第三天黃昏，信差送來了一封快信。亞爾培攤開信一看，臉上血色全失。他趕到伯爵的房間去，這樣說道：

「伯爵，事態緊急，我非趕回去不可，請借給我一匹馬，也請你什麼都不要問。」

「騎馬會累的，還是坐我的馬車回去吧！」

「不！心裡著急的時候，我想馬更方便些。」

僕人牽來馬匹，亞爾培二話不說，躍身上馬，宛如疾風般轉眼之間就不見了蹤影。基度山伯爵目送亞爾培離去後，眼光落在手中的報紙上。

「三星期前，《大眾報》曾經報導嘉尼納總督阿里．帕夏手下的法國人上校把嘉尼納城出賣給土耳其人，後經多方查證，發現這個人所幹下的壞事不只這件而已，他甚至把自己的恩人，也就是總督也交到敵人手裡。而且正如《大眾報》所報導的，當時那個叫做費爾南的人，後來自稱貴族，改名莫塞爾伯爵，在貴族院裡招搖撞騙。」

波尙好意湮滅的秘密，現在經由另一家報紙，又被報導了出來。

報紙的一角刊載著驚人的內幕：法國將官費爾南出賣他的恩人——嘉尼納總督阿里·帕夏，私通土耳其人謀殺總督。

40 審判的日子

清晨八點，亞爾培彷彿火球般，十萬火急的滾進波尙家裡，開口說道：

「我很感激你通知我，不過，這則攻擊報導是從哪裡來的？」

「亞爾培，這待會兒再說，你先聽我說明信中沒有提起的詳細經過——

那天貴族院的氣氛顯得很不尋常，同事們向來對莫塞爾伯爵沒有好感。他不過是暴發戶，但卻總是高高在上，目中無人。那些有家世淵源的貴族，以及有能力的人，誰也看不起他。報紙上所引起的風波，不過是平日大家對他的積憤形成的結果而已。

只有伯爵自己不知情，他沒有看報紙。上午，他依然用寫信和騎馬打發時間，隨後依照平常的習慣，自大傲慢的出現在議會裡，這時候，會議已經進行三十分鐘了。

莫塞爾伯爵的死對頭之一立即跳上了議壇，伯爵根本不把對方的演說看在眼裡，但是不一會兒，聽到對方不斷說出嘉尼納和費爾南上校，莫塞爾伯爵的臉扭曲了起來。議場裡人聲沸騰，大家議論紛紛，眼光全都望向伯爵。

議長宣布投票表決進行調查，問伯爵需要多少時間才能證明自己是清白的。伯爵回答說：

『各位議員同事，這根本就是揑造事實，惡意中傷，我一點也不害怕。我希望對我的調查能夠盡快進行，必要的話，我可以提供全部資料給議院。』

隨後，由十二名議員組成調查委員會。

伯爵首先發言爲自己辯護，他提出嘉尼納總督任命他全權代表和土耳其皇帝議和的文件，並且拿出象徵指揮權的指環。他說自己雖然盡了一切心力，不幸議和並沒有成功，他趕回來想保護恩人，但是阿里・帕夏卻早已經死去，死前還將心愛的夫人和女兒委託他照顧。

這時候，有人把一封信送到議長手裡，議長看了一、兩行，立即問伯爵說：

『伯爵，你剛才是說嘉尼納總督把夫人和女兒委託你照顧吧？』

莫塞爾伯爵回答道：

『很不幸，我不知道她們的去向，她們早已經躲藏起來。我派人多方尋找，但卻毫無結果。』

議長問伯爵是否能找到證人，伯爵說遺憾的是，當時總督身邊的親信和好友，不是死的死，就是音訊杳然，根本找不到人可以作證。

伯爵既然這樣說，議長只好把剛才收到的信攤開來，大聲唸道：

『議長閣下，我可以提供最正確的線索給調查委員會。阿里・帕夏臨終時，我陪侍在身邊。我也知道總督的妻子和女兒的下落。如果各位委員願意聽我的申訴，我就在議會門口。』

『這個證人究竟是誰？』莫塞爾伯爵狼狽得幾乎慘叫起來。
『很快就會知道了。』議長看著座席問道，『我們要不要聽這位證人申訴？』
所有的委員都異口同聲回答道：『當然要聽！』
五分鐘後，一個用面紗幾乎將全身裹住的女人，跟在警衛身後走了進來。那個女人除下面紗後，她的美貌叫人眼睛爲之一亮。莫塞爾伯爵只看了那個女人一眼，就頹然跌坐在扶手椅上。
『妳就是目擊者嗎？請妳把詳細經過說出來。』議長說。
『我名叫愛蒂，是嘉尼納總督阿里．帕夏的女兒。』那個女人回答道。
她的態度是那樣的謙虛而端莊，熊熊燃燒的眼神，嚴肅的申訴，使得在場的委員都受到不可思議的感動，伯爵則顯得一臉茫然。
愛蒂從面紗下取出一個散發出迷人香氣的綢緞袋，說道：
『這裡有我的出生證明，是由我父親寫的，還有大臣的簽名。另一個則更重要，是法國軍官把我和我的母親賣給亞爾美尼奴隸商人的契約書。』
議長立刻喚來通譯，高聲的把用阿拉伯語寫成的契約書唸出來——
『奴隸商人葉爾．戈比收下基度山伯爵一個價值約兩千布盧斯的紅寶石，以交換嘉尼納總督的女兒——十一歲的基督教徒女奴愛蒂。

七年前，愛蒂與母親到達君士坦丁堡時，被總督手下一個名叫費爾南的法國上校以一千布盧斯的價錢售予本人，特此證明。

署名人　葉爾・戈比』

『不過，』議長說道，『現在在巴黎照顧妳的基度山伯爵，我們可以詢問他嗎？』

『我的第二父親基度山伯爵，兩天前已經到諾曼第去了。』

『那麼，是誰叫妳今天來這裡申訴的？』

『沒有人叫我來，我是出於自尊心和悲傷而來的。到達巴黎時，我就發誓要找到那個背叛者復仇。』

『這麼說，這件事跟基度山伯爵毫無關係了？』

『伯爵完全不知道，我甚至擔心他會責備我不該這樣做。』

『莫塞爾伯爵，』議長轉身說，『你承認她是嘉尼納總督阿里・帕夏的女兒嗎？』

『不！』伯爵咬牙切齒的回答道，『這全都是我的敵人，爲了打擊我而捏造出來的。』

愛蒂聽了，憤怒的眼神射向伯爵。

『我記得很清楚，你正是費爾南，是我父親的軍中教官，也是出賣嘉尼納城的叛徒。你僞造皇帝的聖旨，取得我父親的指環，再去欺騙火藥庫守衛，殺害我父親，還將我母親和我賣給奴隸商人，簡直比禽獸還不如。』

『妳敢肯定莫塞爾伯爵和費爾南上校是同一人嗎？』

『我一輩子也忘不了那個人的嘴臉，你可以問他是否記得我。』

愛蒂的每一句話，都像銳利的匕首直刺進伯爵心頭，伯爵宛如洩了氣的皮球，他聽到最後一句話，正想站起來，雙腿却不聽使喚，全身搖晃，就那樣又癱倒在椅子上。

會場裡就像捲起了暴風雨一般，舉座譁然。

『莫塞爾伯爵，』議長說道，『你要振作起來，委員會絕對不會胡亂裁決的，你要是有不滿，我們可以派兩名議員到嘉尼納去，重新調查。』

莫塞爾伯爵一句話也回答不出來。

『你打算怎麼辦？』議長催促他。

『我無話可說。』伯爵好不容易才站起來說道。

『那麼，你承認阿里・帕夏的女兒所說的沒有半句謊言，都是事實了？』

伯爵用絕望的眼神看了看周圍，但是沒有一個委員對他表示同情。他粗暴的扯下衣服上的鈕扣扔掉，彷彿瘋子一般，狂奔出去。

『各位委員，』議長打破場內的沈默，『我裁定莫塞爾伯爵是個賣國的叛賊！』

『贊成！』眾委員異口同聲的高呼道。

聽到這樣的判決，愛蒂臉上的表情沒有絲毫改變，她放下面紗，謙恭的向所有的委員行了禮，就靜靜的離去了。」

41 挑戰

亞爾培抱著頭，聽波尙把話說完。他慚愧得滿臉通紅，握住波尙的手說：

「波尙，我這一輩子已經完了。我要找出那個陷害我全家的人，跟他拚個死活，希望你能助我一臂之力。」

「我一定盡力而爲，不過，亞爾培，你聽我說，我到達嘉尼納後，到那裡最大的一家銀行去打聽消息，結果對方告訴我說，兩個星期前，也有人問過同樣的事情，我吃驚極了，問他是誰，對方說是巴黎的銀行家道格拉斯。」

「果然是他！」亞爾培高聲叫道，「我早就在懷疑他了，他一直在嫉妒我父親，總想伺機打擊，現在我終於明白他爲什麼會突然解除我跟他女兒的婚約了。」

「要先調查清楚再說，不可以激動。」

「不必擔心，我們現在就到道格拉斯那裡去。」

「好，我們馬上出發。」

他們僱了一輛馬車，到達道格拉斯的宅邸時，看到門口停著安德雷・卡波肯第的馬車。

道格拉斯閉門不見，他們合力推開大門，衝了進去。

「這算什麼！」道格拉斯斥責道，「見不見是主人的權利，你們怎麼可以這樣不講理？」

「不！」亞爾培冷冷看了一眼安德雷，前進一步說道，「我是想十分鐘後，在不會受到任何人打擾的荒郊野地裡跟你見面，然後，我們兩個人當中，有一個人要滾在落葉上。」

道格拉斯聽了，驚愕得不知所措。

「你簡直是一條瘋狗，你父親名譽掃地，為什麼找上我來？」

「我當然要來找你，別以為我不知道是誰寫信到嘉尼納去打聽消息的。」

「不錯，信是我寫的，不過，一個要嫁女兒的人，寫信去打聽對方的家族身世，又有什麼不可以？這不但是權利，更是做父母的義務。」

「胡說！你是為了陷害我父親才寫信去問的。」

「這簡直是天大的冤枉，我可以發誓，原先我並不想寫信，我知道你父親的過去，只是不知道他是如何獲得現在的財產的，於是我的一個朋友建議我，不妨寫信向嘉尼納打聽……」

「那個朋友是誰？」

「基度山伯爵。」

亞爾培和波尙互相看了一眼。

「道格拉斯先生，」一直一言不發的波尙說道，「你是想把責任推到現在不在巴黎的基度山伯爵身上嗎？」

道格拉斯竭力否認。

「原來如此，」波尚說，「道格拉斯先生不過是個小配角罷了，基度山伯爵才是眞正的大導演。」

「道格拉斯先生，」亞爾培改變口氣說道，「我會去確認你有沒有說謊，不過，請你記住，我們之間，並不是到此就完結了。」

他們的馬車向香榭麗舍大道三十號馳去。侍衛告訴他們，伯爵剛回來，正要入浴和用餐，不能會客。晚上八點，伯爵會到歌劇院去。

「好！知道這些就夠了，」亞爾培對波尚說，「你能不能在八點以前處理完工作，今天晚上也一起去歌劇院？」

波尚答應了。回到家後，亞爾培也派僕人去通知佛朗茲和德布勒。

「媽媽，」亞爾培問道，「妳知道誰是爸爸的敵人嗎？」

梅瑟蒂絲看著彷彿下定了什麼決心的兒子的臉，身體忍不住哆嗦起來。

「你父親有今天的地位，當然也有很多自己所不知道的敵人。」

「媽媽，妳還記得嗎？有一次基度山伯爵來我們家參加舞會，一口食物也沒有吃。我聽說東方人在敵人家裡是絕對不吃任何東西的。」

「你說基度山伯爵是我們的敵人？」梅瑟蒂絲的臉色霎時變成蒼白，「是誰告訴你的？伯爵總是那樣彬彬有禮，而且還救過你的命，三天前，你不是還跟伯爵一起到諾曼第去旅行嗎？」

亞爾培不再說下去了，出自做為女人和母親的本能，梅瑟蒂絲察覺出事態嚴重，不過，她並沒有說出來。

「媽媽，很抱歉，我有急事，現在就要出門，今天晚上回不來了。」

也不等母親回答，亞爾培就衝了出去。

他一口氣跑到歌劇院，夏德・雷諾和波尙已經到了。第二幕開始前，身穿黑色禮服的基度山伯爵才終於在包廂裡出現，馬克西米跟在後面。

接著包廂後面的門打開了，亞爾培的身影出現，伯爵這才回過頭來。

「噢！歡迎——」伯爵依然不改平常的親切，「歡迎各位騎士光臨。」

伯爵說「各位騎士」，是因爲除了亞爾培之外，旁邊還站著波尙和夏德・雷諾。

「我們不是來交換虛假的友情，而是來聽你把話說清楚的。」

「在歌劇院裡說？」伯爵感到不解，一點也沒有顯出畏懼的神情。

「那麼對於拿入浴、用餐等理由避不見面的人，除了一決勝負之外，別無他法。我要報仇！」

「在這樣的地方，你的說話聲未免太高了些，我要提醒你，大聲喧嚷，故意找碴兒，是很丟臉的，莫塞爾先生！」

一聽到莫塞爾三個字，周圍的人立刻起了一陣騷動，因為從昨天起，莫塞爾這個名字就成了人們的話題。亞爾培比誰都敏感，他看出伯爵的本意，隨即丟出手套。對方丟出手套就是表明要決鬥。

馬克西米很敏捷的接住手套。

「這隻手套……」伯爵嚴肅的說，「我接受。我會用子彈還給你，現在請你出去，不然我只好叫僕人趕你走了。」

亞爾培心情激動，眼睛充血，昏頭昏腦的就要向伯爵撲過去，但是被兩個朋友拖走了。

馬克西米迅速關上門。

42

暗夜

從歌劇院回來後，基度山伯爵叫阿里拿出手槍，正要試試射幾發時，僕人進來了，後面站著一個覆著面紗的女人，那個女人看到伯爵手裡拿著手槍，馬上跑過來。

「妳是誰？」伯爵問道。

那個女人看一看周圍，確定沒有別人，就屈身跪在地上，雙手合十，哀求道：「艾德蒙，請你救救我兒子。」

伯爵後退一步，手槍落在地板上。

「妳剛才叫我什麼？」

「叫你眞正的名字……艾德蒙・丹迪斯，現在來到這裡的不是莫塞爾夫人，而是梅瑟蒂絲。」

「梅瑟蒂絲已經死了。」

「梅瑟蒂絲還活著。第一次看到你時，不！只聽到你的聲音，我就知道你是艾德蒙了。」

「妳聽誰說我要和妳兒子決鬥的？」

在跟亞培爾決鬥的前一天，基度山伯爵拿出手槍正要試射幾發。

「我兒子要到歌劇院去時，我就已經把一切都看得一清二楚了。我兒子相信就是你，才會使他的父親陷於不幸的。」

「那並不是不幸，而是懲罰。莫塞爾先生並不是我打垮的，而是神的懲罰。」

「艾德蒙，你跟嘉尼納以及那裡的總督有什麼關係呢？費爾南出賣阿里·帕夏，對你造成了損失嗎？」

「沒有任何損失，而且我也不是發誓要對法國上校或莫塞爾伯爵復仇，而是對漁夫費爾南，也就是卡塔洛尼亞村梅瑟蒂絲的丈夫復仇。」

「啊！」夫人叫道，「有罪的是我，你復仇的對象，應該是背叛你的我。」

「那麼，艾德蒙·丹迪斯為什麼會不見了呢？妳爲什麼會背叛情人呢？」

「那是因爲你被逮捕關進監牢裡，所以我才會嫁給費爾南的。」

「爲什麼我會被逮捕呢？」

「我不知道。」

「是嗎？原來妳還不知道事情的眞相，那麼我就告訴妳吧！就在我要和妳舉行婚禮的前一天，費爾南把道格拉斯寫的一封信拿到郵局去寄，於是我才會突然被逮捕，關進監牢裡去，事情就是這樣。」

說著，伯爵拿出一封信，交給梅瑟蒂絲，那是從前他僞裝成湯姆遜公司的職員，付給刑務檢察官波比爾二十萬法郎那天，從有關艾德蒙．丹迪斯的檔案中偷出來的。

「妳看了就會明白，就是這一封信，才會使我被逮捕，關進距離卡塔洛尼亞只有一公里遠的惡魔島，在那黑暗的地牢裡，十四年間，我沒有一天不發誓復仇，在絕望中掙扎，不知道妳跟毀掉我半生的費爾南建立了家庭，也不知道我可憐的老父親活活餓死。」

「天啊！這眞的是費爾南造成的嗎？」

「我可以發誓，這全都是眞實的，費爾南身爲皇帝的士兵，卻和英國人勾結；在西班牙出生，卻跟西班牙人爲敵；在嘉尼納總督手下工作，卻又背叛主人，把主人置於死地，妳該知道他有多麼卑鄙了吧？妳並不是會輕易變心的女人，他只能用卑鄙的手段把妳佔爲己有。我是絕對無法原諒他的，神憐憫我，讓我能夠活著從墳墓裡出來，我就要代替神，來向他復仇。」

梅瑟蒂絲痛苦得用雙手覆住臉，跪在地板上。

「艾德蒙，爲了我，爲了到現在依然愛著你的我，請你原諒他……」

她半趴在地板上哭泣，伯爵伸手把她扶起來。

「難道妳要我背叛神嗎？神把我救出來，就是要我懲罰那些人的。我辦不到！」

「艾德蒙，」梅瑟蒂絲抱著最後一線希望，「我叫你艾德蒙，你爲什麼不叫我梅瑟蒂絲呢？」

「梅瑟蒂絲！不錯，只要我呼喚這個名字，我的心中就會感到無比的溫暖，在那黑暗的地牢裡，我不知道把這個名字喚過多少遍，可是，妳要我因此就停止復仇嗎？」

「艾德蒙，我接受你的復仇！」梅瑟蒂絲叫道，「不過，復仇應該加在有罪的人身上，我和費爾南都有罪，可是我兒子跟這沒有任何關係。」

「妳了解讓父親餓死的兒子的心情嗎？妳了解自己在死亡深淵裡掙扎，情人却跟情敵結婚的男人的心情嗎？……」

「我了解，可是，難道因此我就不得不看到自己所愛的人殺掉自己的兒子嗎？……」

梅瑟蒂絲的話語字字含淚，句句帶悲，伯爵聽了，忍不住感到一陣哽咽。

「妳要我怎麼做呢？如果妳希望我讓妳的兒子活下去的話，我會讓妳如願的……」

梅瑟蒂絲高興得雀躍不已，淚水從基度山伯爵的眼角滾落下來。

「啊！」梅瑟蒂絲握住伯爵的手，把嘴唇貼上去。「艾德蒙，我太感謝你了，果然你還是像我每天所夢見的那樣溫柔……」

「只是可憐的艾德蒙再也不久人世了，妳要我死，死者的歸宿就是墳墓。」

「死？誰要你死的？只要你答應，不是就可以不決鬥了嗎？」

「答應的事情非實行不可，只不過地面吸的不是妳兒子的血，而是我的……」

梅瑟蒂絲懇求基度山伯爵取消跟她兒子亞培爾的決鬥，基度山伯爵被深深的母愛所感動，準備以死來結束決鬥。

43 決鬥

凌晨五點，伯爵沒有驚醒任何人，悄悄起床，寫好遺書——

「我留給從前在馬賽的船老闆的兒子，阿爾及利亞騎兵上尉馬克西米・莫雷爾兩千萬法郎。其中的一半，由馬克西米自己裁量，分給他的妹妹茱麗和妹夫埃瑪紐耶。如果馬克西米能夠跟我視爲女兒撫養的嘉尼納總督女兒愛蒂結婚的話，我會感到非常滿足。我剩下的財產，全部留給愛蒂。」

伯爵把遺書蓋上三重封印。

過了片刻，門口傳來馬車的聲音，伯爵從窗戶向下望去，看到馬克西米和埃瑪紐耶下了馬車，他們比約定時間提早了二十分鐘到達。伯爵很親切的歡迎他們。

「你們都還沒有看過我射擊手槍，時間還早，就讓你們開開眼界吧！」

伯爵把一張撲克牌梅花貼在薄薄的鉛板上，連射四發，梅花的枝椏就一根一根折斷了。

「太驚人了。」馬克西米說道，「伯爵受到了侮辱可以先開槍。」

「對方已經答應了嗎？」

「我們見過波尙，已經取得對方同意。兩人間隔二十步，除非伯爵同情亞爾培，否則他不會得救的。請伯爵讓他只受一點兒輕傷就可以了。」

基度山伯爵拿出錶來看了一下，說道：

「我們說好八點，已經七點五分了，我們走吧！」

八點，他們三人到達班塞森林，下了馬車，僕人聲音顫抖的對伯爵說：

「那裡的樹蔭下好像停了一輛馬車。」

馬克西米握住伯爵的手問道：

「武器放在哪裡？」

「我沒有帶來，對方應該會準備的。」

馬克西米向波尙他們走去。

「對不起，」馬克西米說道，「莫塞爾先生在哪裡呢？」

「我們正在等他，說好在這裡見面的。」夏德・雷諾回答道。「啊！來了，馬車——」他叫了起來，向前走出一步。

「決鬥時使用的手槍，伯爵說不要用自己的。」

「不是他，」看著從馬車上下來的兩個青年，夏德・雷諾說道，「那是佛朗茲和德布勒，他們來做什麼呢？啊！亞爾培跟在後面來了，眞怪，明明要用手槍決鬥，爲什麼騎著馬來呢？」

他們向前大約走了十步，亞爾培勒住馬，飄然躍下，走了過來，只見他臉色蒼白，眼睛充血，顯然整個晚上都沒有睡好覺。

「謝謝各位，我非常感激各位對我的友誼。」

他的口氣聽起來沈痛無比。

「那麼開始吧！」馬克西米說著，就要走回伯爵那裡。

「請各位等一下，」亞爾培說道，「我現在要對伯爵說的話，希望各位一句也不要遺漏。」

「請說。」伯爵說道。

「伯爵，老實說，你揭露我父親在嘉尼納的所作所爲，讓我感到憤怒，我一直相信，不管我父親犯過什麼罪，你也沒有權利指責他。但是現在，我知道你有這個權利，因爲我也不能原諒費爾南對你所做出的出賣行爲，伯爵，你對我父親的復仇是正當的，做爲兒子的我，事實上應該感謝你才對。」

亞爾培這出人意料的聲明，使得所有的見證人都不知所措，就連基度山伯爵也深受感動。這一定是梅瑟蒂絲用最高貴的靈魂，把倔強的亞爾培說服的。

「伯爵，」亞爾培說道，「如果你能了解我剛才所說的，就請你握我的手吧！」

基度山伯爵的眼眶潤濕了，把手伸向亞爾培。亞爾培滿懷敬畏與感激，緊緊握住伯爵的手。

「各位見證人，」亞爾培說道，「我向伯爵道歉我所犯下的錯誤，我這樣做，世人或許會誤以為我是懦夫，但是從現在起，我會鼓起勇氣，跟世人這些偏見戰鬥。」

「昨天晚上到底發生了什麼事情？」波尚對夏德‧雷諾低聲說道，「我覺得我們就像大傻瓜似的。」

「亞爾培所做的事情，究竟是可恥呢？還是可敬呢？」

基度山伯爵低著頭，回想昨天晚上，那個永遠無法從他的記憶中抹去的女人，來為她兒子求助的情形。

亞爾培從決鬥場回到家裡時，正好跟父親的馬車擦身而過，亞爾培把臉轉開，看也不看父親一眼。宅邸的鐵門砰的一聲關上後，亞爾培立即奔進母親的寢室，撲進母親懷裡，緊緊擁住母親。看到母親正在整理身邊的衣物，使亞爾培深受感動，因為他也正想離開這個家。

「媽媽，妳跟我不同，我下定了決心，是要來跟妳道別的，但是，妳不能這樣做。」

「亞爾培，我也要離開這裡，事實上，我希望你能跟我一起走。」

「媽媽，我已經把過去全都拋棄，從現在起，我要過嶄新的生活。」

「如果我更堅強一點的話，我早就會要你這樣做了。亞爾培，你還年輕，人生要從頭再來並不難。我們走吧！能夠跟著你，要吃多少苦我也願意。」

「我也很願意。剛才莫塞爾伯爵出門不知到哪裡去了，趁這個最好的機會走，可以避免無謂的爭吵。」

母親和兒子緊緊握住對方的手。

愛蒂聽到馬車的聲響，立即跑出來，看到伯爵平安歸來，就像跟深愛的舊情人重逢那樣，欣喜若狂，緊緊抱住伯爵，感動得一句話也說不出來。這時候，門突然打開，僕人走進來報告說：

「莫塞爾先生來訪。」

「是子爵，還是伯爵？」

「是伯爵。」

「啊！」愛蒂叫了起來，「事情還沒有完嗎？」

「我也不知道，不過，不必擔心。」

「可是，那個人太陰險了。」

「他又能把我怎樣呢？妳先到那邊去一下。」

伯爵吻了吻愛蒂的額頭，叫僕人請客人進來。

莫塞爾知道兒子亞爾培在歌劇院侮辱基度山伯爵，進行決鬥，他以爲兒子會替自己報仇，沒想到兒子平安歸來，從僕人那裡聽到詳細經過後，他自己換了黑禮服、黑長褲和黑手套，包了兩支劍就跑來了。

「是什麼風把你吹來的？」基度山伯爵非常鎮靜的走向莫塞爾，「請問有何貴幹？」

「今天早上，你和我兒子決鬥，爲什麼我兒子沒有把你打死就回來了？是不是你向我兒子道歉，才使得我兒子提不起勇氣來的？」

「那是誰呢？」

「道歉的是你兒子，我想或許是他知道了還有比我更應該受懲罰的人吧！」

「你兒子的父親。」

「你說什麼？」莫塞爾臉色大變，「現在的年輕人已經不知道什麼是決鬥了，眞正的決鬥，還是得由我和你來進行。」

「這倒是好主意！」

「我得先聲明，這可是會出人命的。」

「沒有問題，我們現在就走。不過，我要先確定一下，你是不是在滑鐵盧戰役中脫逃的叛兵費爾南？是不是法軍的間諜費爾南中尉？是不是出賣恩主的費爾南上校？是不是因此變成法國貴族莫塞爾伯爵的那個費爾南？」

莫塞爾聽了，氣得暴跳如雷。

「你這個騙子！惡魔！無恥東西！你到底是誰？」

基度山伯爵的臉色蒼白得可怕，眼睛裡燃燒著熊熊的憎恨怒火，瞪視著對方，隨後突然奔進房間，換上水手的制服，雙手在胸前交叉，昂然面對莫塞爾，大聲說道：

「費爾南！這樣你總該會想起來了吧？你睜大眼睛看清楚，這張因為復仇而變得年輕的臉！」

莫塞爾的牙齒咔嘡作響，全身哆嗦，一下子抓住桌子邊緣，叫道：

「啊！你是艾德蒙・丹迪斯！」

隨後他搖搖晃晃的好不容易才走到門口，接著彷彿連滾帶爬般的走了出去。

十分鐘後，莫塞爾回到家裡，從書房裡看著妻子和兒子坐上馬車，奔馳而去，他拿起手槍，對準自己的太陽穴，扣下扳機。

馬克西米離開基度山伯爵後，就去看芭蘭蒂。好幾個星期以來，芭蘭蒂食慾全失，身體衰弱不堪，頭暈目眩，結果從樓梯上滾落下來。威爾霍早已經被家裡死人不斷嚇得心驚膽顫，現在看到女兒又出意外，急忙親自驅車去請醫生。

「大夫，我的家一定受到魔鬼的詛咒了，這次的犧牲者是我女兒芭蘭蒂。」

「每次來通知我時總是晚了一步。」

基度山伯爵穿上水手服，變回年輕時的艾德蒙・丹迪斯，莫塞爾伯爵簡直就像看到鬼似的，全身顫抖起來。

「這次非逮到兇手報仇不可。」
「不過，還是拯救犧牲者比報仇重要。」
醫生診察後，說道：
「還有一絲氣息，這簡直是奇蹟。」
威爾霍家隔壁一幢沒有人住的房屋，被一個義大利神父租去，正在請工人整修地基。那個神父的名字就叫布索尼。

44 婚姻契約書

尤姬妮直視父親道格拉斯的眼睛，表明自己的意志。

「我只有一句話——我不願跟安德雷・卡波肯第結婚。」

「爲什麼？」

「我不要什麼終身伴侶，那只會增添無謂的麻煩而已，我要完全自由的依照自己的意志活下去。」

「妳說了爲什麼不結婚的理由，現在妳也聽聽爲什麼要妳結婚的理由。」道格拉斯盡可能不失去冷靜的說道。

「你說吧！」

「我爲妳挑選了丈夫，老實說，並不是爲妳好，而是妳愈早訂婚，對我愈有利，但是妳不能因此就恨我，輕視我。像妳這樣的藝術家，或許不愛聽我說明跟繪畫和音樂毫無關係的數字，不過，妳想一想，妳每個月一千法郎的零用錢，還有這奢華的生活，到底是從哪裡來的？一個銀行家失去信用，就跟死亡沒有兩樣。卡波肯第先生願意付給妳三百萬法郎的聘金，我就等著這三百萬法郎來當做一千萬法郎使用。」

「我明白了，你的意思是說我可以抵押三百萬法郎。好的，我會在契約書上簽名，不過，簽名之後要怎麼做是我的自由。」

道格拉斯握住女兒的手，沒有說謝謝，尤姬妮也沒有顯出特別激動的神情。

三天後，尤姬妮和道格拉斯深信是公爵的安德雷・卡波肯第要在婚姻契約書上簽名，邀請來的客人，把道格拉斯家的客廳擠得水泄不通，基度山伯爵也在其中。

尤姬妮打扮得花枝招展，準時出現。道格拉斯夫妻則在稍遠的地方，跟德布勒、波尙、夏德・雷諾等人聊天。安德雷則得意揚揚的向常在歌劇院流連的夥伴吹噓，每年將有十七萬五千法郎收入的他，要在巴黎過怎樣的生活。

公證人開始宣讀婚姻契約書，大多數出席的客人都要在契約書上簽名。宣讀過後，客人之間起了一陣騷動，他們都對那令人瞠目的金額、新娘的禮服和鑽石發出了讚嘆聲。

「現在開始簽名。」

公證人莊嚴的拿起了筆，首先是道格拉斯男爵，接著是安德雷父親代理人和道格拉斯夫人。「下一位是——」夫人說著，眼光在人群中尋找基度山伯爵，伯爵向前走出兩、三步。

「由於基度山伯爵宅邸的竊盜案件，威爾霍先生不能光臨，眞是太遺憾了。」道格拉斯夫人看著威爾霍夫人的臉和伯爵的臉，說道。

尤姬妮打扮得花枝招展，準備與卡波肯第結婚。

「威爾霍先生確實太辛苦了，」伯爵接過筆來說道，「竊盜犯人正要逃走時，遭到他的同夥暗算，神父脫下垂死犯人的衣服，查看傷勢，結果把一件背心留在我那裡。」

安德雷的臉色明顯大變。

「沒有人知道那是誰的，僕人仔細檢查了一番，在口袋裡找到了一封信。你們猜那封信是寫給誰的？沒有別人，正是道格拉斯先生。」

「什麼？寫給我的？」道格拉斯叫了起來。

安德雷目不轉睛的看著基度山伯爵的臉，隨後迅速溜走了。

「那個被殺的人從前入過獄，名叫卡德盧斯。」

道格拉斯聽了，內心不禁感到一陣哆嗦。簽名還要繼續下去，但是公證人突然發現安德雷已經不見了。

「卡波肯第公爵，你在哪裡？」

「安德雷！安德雷！」

幾個要好的朋友也大聲呼叫。

這時候，警察署長帶領幾名警官向道格拉斯簇擁而來，道格拉斯夫人驚叫一聲，昏倒在地。道格拉斯感到大難臨頭，握緊雙手，向後跌了個四腳朝天。

「這到底是怎麼回事？」

基度山伯爵向警官走過去，問道。
「哪一個是安德雷・卡波肯第？」
警官說著，環視客廳的每一個角落。
「安德雷・卡波肯第有什麼不對勁嗎？」道格拉斯問道。
「他是杜倫監獄的越獄犯。」
「他犯了什麼罪？」
「他從前在監獄裡的同夥卡德盧斯在正要離開基度山伯爵宅邸時遇害的命案，有人檢舉就是他幹的。」
熱鬧歡樂的宴會，立刻陷進了呼天搶地的混亂。

・

第二天早晨九點，道格拉斯夫人一起床，就僱了一輛馬車趕到威爾霍宅邸去。威爾霍一臉茫然，心緒不寧，坐在書房裡。
「威爾霍先生，那個騙子該怎麼辦呢？」
「夫人？」威爾霍回答道，「他不單只是騙子而已，還是個殺人兇手。」
「我知道，不過，我希望你能寬大處理，比如說，想辦法不逮捕他，讓他逃走……」
「妳來得太慢了。」

「要是他被逮捕了，會怎樣呢？看在我們的交情份上，請你逮捕後就直接把他送進監獄裡，至少也要關到我女兒的婚事辦完之後。」

「這可辦不到，審判是有一定的法律程序的。」

這時候，僕人送來一封內務大臣的來信，威爾霍看了之後，不禁高興得歡呼起來。

「在康比耶紐抓到了，事情總算可以了結了。」

道格拉斯夫人拿起手帕按住臉啜泣。

45 守護的朋友

芭蘭蒂雖然救回了一條命，但是精神却始終萎靡不振。白天因爲有諾華第耶老人陪伴她，她還能保持心情的平靜，不過，夜裡護士把門上鎖回去了之後，除非通過後母威爾霍夫人的房間，否則誰也不能到她這裡來，所以她總是感到非常害怕。

一天晚上，她的心情特別煩躁，怎麼也睡不著，忽然間，她看到壁爐旁鑲在牆壁裡的書架悄無聲息的移到一邊，書架後面出現了一扇門，一個人的臉露了出來，向她的床鋪走來。

「會不會是馬克西米？」她心裡想著，睁大眼睛一看，却又不是。那個人對她說：

「妳把這個喝下去。」

芭蘭蒂聽到人的說話聲，吃驚得幾乎叫起來，那個人把一隻手指按在她的嘴唇上，要她不要出聲。

「啊！你是基度山伯爵……」

「我是妳和妳情人馬克西米的朋友。這四個晚上，我都徹夜不眠，一直守護著妳。」

「馬克西米已經把我們的事情告訴你了？」

「是的，他說妳的性命就是他的性命，所以我答應救妳出來。」

「你說徹夜不眠守護著我，在哪裡守護呢？」

「在那扇門後面，那扇門通到我在隔壁租下來的房子，我看到有人要殺害妳。這個藥喝下去之後，今天晚上妳什麼也不要喝。」

說著，伯爵拿出裝有紅色液體的小瓶子，滴了幾滴在杯子裡，自己先試過之後，再交給芭蘭蒂。

「已經有桑・梅朗侯爵夫妻和巴洛瓦三個人成了犧牲者，妳爺爺也知道家裡有人下毒，為了救妳這個孫女，這一個月來，他一直把自己的藥給妳服用。」

「伯爵，到底是誰下的毒呢？」

「今天晚上妳假裝熟睡，悄悄看了就知道。現在鐘正敲響十二點，下毒的人就快要來了。」

伯爵輕聲說道，隨後躲在門後面。黑夜暗沉沉的籠罩下來，芭蘭蒂覺得自己彷彿要窒息了。她豎起耳朵傾聽，這時候，門把手發出輕微的咔嚓聲，接著門就打開了。

「芭蘭蒂！」一道很低的聲音在呼喚她。她的心幾乎要停止跳動了。

「芭蘭蒂！」同樣的聲音又傳了過來。不一會兒，芭蘭蒂聽到剛才喝乾的杯子，發出若有似無的聲響，以及液體落下去的聲音。芭蘭蒂把眼睛瞇開一條縫，看到一個穿著白色睡袍的女人，正把瓶子裡的液體倒在杯子裡。倒好了之後，那個女人又來到床邊，確認芭蘭蒂是

爲了讓親生兒子愛德華繼承遺產，陰謀毒殺芭蘭蒂的威爾霍夫人，每天晚上都將毒藥帶進芭蘭蒂的寢室裡。

否貞的睡著。那個女人不是別人，正是威爾霍夫人。

芭蘭蒂嚇得全身忍不住哆嗦了起來，夫人也感覺到了，悄悄退到牆邊，躡手躡腳的走了出去。

過了片刻，書架移開了，基度山伯爵的臉露了出來。

「怎麼樣？妳明白了吧？」

「我好傷心，」芭蘭蒂哭了起來，「爲什麼後母要……」

「因爲妳有一大筆財產，她想把每年二十萬法郎的收入，全都移轉給自己的兒子。」

伯爵從背心口袋裡掏出一個小瓶子，打開蓋子倒出一粒豌豆大的藥丸放在芭蘭蒂手上。

她不知這是會陷入假死狀態的藥，看著伯爵那莊嚴的神情，一口就把藥丸吞下……。

「再見！這樣妳就可以獲救了。」

伯爵說完，又像影子般從房間裡消失。

第二天早晨九點，芭蘭蒂全身冰冷，躺在床鋪上。威爾霍全家起了一陣大騷動。

「這是第四個了……啊！神呀！到底要繼續到什麼時候呢？」

僕人們聽了，個個都嚇得魂飛魄散。威爾霍夫人這時候才起床，走到亂成一團的人群裡來，看到醫生正把那個杯子拿在手裡，滿臉狐疑，睜眼凝視，心頭不覺一驚，又急忙離開了。

這時候，傳來了一陣喧鬧聲。

「芭蘭蒂死了？這是眞的嗎？是誰下的毒手？我要一命償一命！」

威爾霍和醫生都大吃一驚，回頭一看，只見馬克西米臉色蒼白，神情舉止大變，站在門口。他每天早晨都來打聽芭蘭蒂的病情，但是並沒有人認識他。威爾霍質問這個硬闖進來的人。

「你到底是誰？別人家裡發生了不幸，你闖進來做什麼？」

馬克西米沒有回答，自己就向走廊上奔去，五分鐘後，用常人所不能有的力量，把坐在椅子上的諾華第耶老人抬了進來，然後他跪在床前，向老人哭訴道：

「請你告訴他們，我是她的未婚夫。請你爲我證明，即使她已經死了，她的身體也還是屬於我的。」

就連高傲的威爾霍，也不禁被馬克西米的眼淚和眞情感動了，說道：

「我可以看出你對芭蘭蒂的愛是眞誠的，你向她做最後的告別吧！芭蘭蒂除了能祝福她的神父之外，再也不需要任何人了。」

「不對！」馬克西米高聲叫了起來，「芭蘭蒂不需要祝福，她只需要替她報仇的人，也就是我！」

「你這話是什麼意思？」

威爾霍簡直無法招架精神幾近錯亂的馬克西米，喃喃說道。

「做為父親，你的眼淚已經流得很多了，現在請你負起檢察官的責任，完成你的任務。」

諾華第耶老人眨著眼睛，表示：「是的！是的！」

「他說得很對，」醫生贊成的說，「我也跟馬克西米一樣，要求向警方通報命案。」

威爾霍擺一擺手，不同意這樣做，但是，他怎麼也無法掩飾內心的苦惱。

這時候，市政府派來的驗屍官到達了，辦了一些例行的手續。醫生對威爾霍說：

「應該請神父來為死者祈禱。」

「隔壁就有一個親切的義大利神父，我回去的時候，順便請他過來吧！」驗屍官說。

「那就麻煩你了。」

威爾霍無精打采的回答道。

46

死亡判官

天亮後，葬儀社來協助處理後事，死者已經穿上屍衣。布索尼神父守了一個晚上的靈，沒有人知道他是在什麼時候離去的。

同一天早上，基度山伯爵去拜訪銀行家道格拉斯。道格拉斯正好寫完五張各值一百萬法郎的支票，炫耀的遞給伯爵看。

伯爵把支票接過來，唸道：

「——法蘭西銀行理事閣下，請從本人的存款中，付給這張支票的持有人一百萬法郎，道格拉斯男爵……五張！五百萬法郎！眞是驚人。太好了，我在你們店裡存了六百萬法郎，上次提了九十萬，還剩下五百一十萬。這些支票是五百萬，也已經簽了名，我就借用了。老實說，我正需要一大筆錢，已經寫好了六百萬法郎的收據，我把這些支票交給對方就行了。」

說著，伯爵迅雷不及掩耳的就把五張支票塞進口袋裡，道格拉斯吃驚得幾乎要跳起來了。

「你做什麼？請聽我說，這是養育院的存款，今天早上要支付的。」

「不必緊張成這個樣子，我也沒有說非要這些支票不可，這些支票還你，你再寫別的支

法蘭西銀行的大金庫。

票給我就行了。」

道格拉斯正要收回伯爵遞過來的支票時，突然改變了主意，說道：

「不用了，只要有你的收據，那跟現金是一樣的……眞是太失禮了，這些支票你就收下吧！」

「眞的可以嗎？」基度山伯爵說著，又把五張支票塞進口袋裡。

「還剩下十萬法郎……」道格拉斯說道。

「那一點小錢，你就當做利息拿去。」

道格拉斯一下子彷彿矮了半截，只是呆呆的望著伯爵的臉，基度山伯爵恭敬得近乎傲慢的對他行了一個禮就走了。這時候僕人進來通知說養育院的出納科長來訪，道格拉斯竭力拜託，懇求把支付延到明天中午。

出納科長不得已，只好走了。道格拉斯在後面罵道：

「笨蛋！你明天中午再來也是白跑一趟，到時候我早就躲到你們找不著的地方了。」

桑．梅朗和威爾霍兩家的墳墓就在培爾．拉歇斯墓地。出殯的隊伍來到巴黎市郊時，基度山伯爵的馬車正好趕到，伯爵下了馬車，混進徒步跟在棺材後面的人群裡，似乎一直在尋找什麼人。

隊伍到達墓地後，隨即舉行葬禮，追悼演說快要結束時，伯爵離開會場，隱進一小片樹叢後面。馬克西米就在那裡，低垂著頭，跪在泥土地上，雙手緊緊握住鐵柵欄，不斷呼喚芭蘭蒂的名字。伯爵走過去，拍拍他的肩膀。

「馬克西米，原來你在這裡，我找你好久了。」

伯爵原先以為對方會因為沮喪而出言不遜，但是馬克西米依然裝出很平靜的神情，回答道：

「我在這裡祈禱。」

「葬禮已經結束，一起回去吧！」

「謝謝，不過，我想再祈禱一會兒。」

伯爵沒有勉強他，自己假裝離去，隱身在樹叢裡觀看動靜。三十分鐘後，馬克西米有氣無力的站起來，慢慢向家裡走去。隔了大約五分鐘，伯爵也來到莫雷爾家門口。

茱麗高興極了，伯爵對她說：

「現在有很急的事情，等一下再跟妳聊。」

隨後伯爵登上樓梯，來到馬克西米房間前，耳朵貼在門上傾聽，裡面悄然無聲。伯爵用身體撞了一下門，衝了進去。

「對不起，我滑了一跤。」伯爵直奔向桌子。馬克西米吃了一驚，放下手中的筆。

「我看到墨水瓶旁邊有一把手槍，」伯爵不客氣的說，「馬克西米，你是想自殺吧？」

一直保持平靜的馬克西米，這時候突然暴怒起來。

「你沒有權利阻止絕望的人自殺，你對我說會保住芭蘭蒂的性命，要我放心，但是卻連替她解毒的能力也沒有，你自以爲是我的恩人，現在該可以感到滿足了，因爲你的朋友就要死給你看了。」

說著，馬克西米有如瘋子般狂笑起來，向手槍撲過去，但是，他的手腕被伯爵堅韌如鋼的手按住了。

「既然這樣，我只好說出來了。在這個世界上，我和你親如父子，只有我能夠對你說你不可以死。」

「你爲什麼說你和我親如父子？」

「因爲從前你父親像你現在這樣要自殺時，就是我救了他的。送你妹妹錢包，送你父親埃及王號的，沒有別人，正是我。你小的時候，把你抱在膝上玩的也是我——艾德蒙・丹迪斯！」

馬克西米一陣踉蹌，幾乎要昏厥了，向後倒退了幾步，然後大叫一聲，跪在基度山伯爵腳下。樓下的家人聽到異樣的聲響，全都跑了上來。馬克西米打開門，用手勢制止他們。

「大家都跪下來！」他聲音哽咽的說，「都跪下來！伯爵正是我們的恩人，救了我們父親茱麗和埃瑪紐耶立刻撲倒在地，跪在伯爵左右兩側，馬克西米又跪了下來，額頭叩地。

性命的，就是伯爵……」

埃瑪紐耶感激的說：

「我們那樣期盼知道恩人是誰，伯爵爲什麼不早一點告訴我們呢？」

「我的老朋友，」伯爵說道，「我本想把這件事永遠放在心底的，但是今天卻爲了馬克西米說了出來。請你們讓我再和馬克西米單獨談一會兒好嗎？」

伯爵拍拍宛如石像般站在那裡的馬克西米肩膀，說道：

「你已經冷靜下來了嗎？」

「請放心，」馬克西米抬起頭來，露出非常凄涼的笑容，「我再也不會想自殺了。」

伯爵用很嚴肅的口氣說道：

「馬克西米，請你相信我只要熬過這場痛苦，就會有意想不到的嶄新人生等著你的。從現在起，你跟我一起住，一個星期後，我們就離開法國。今天是九月十五日，十年前，正好也是在這一天救了你已經逝世的父親。你能答應我，願意再忍耐一個月嗎？」

「伯爵，我向你發誓，我一定忍耐。」

基度山伯爵緊緊把馬克西米擁在懷裡。

「今天就到我家裡去，你住在愛蒂的房子裡，愛蒂昨天晚上已經出發了。」

「愛蒂永遠離開了嗎？」

「不！她爲了等我，到東方旅行去了。」

47 受審

法院今天即將審判卡德盧斯命案，天還沒有亮，威爾霍就已經起床，做好審判的準備。他確信貝納第就是兇手，內心感到有些自滿。

一切都整理妥當後，他挾著文件，向妻子的寢室走去，妻子正坐在長椅上。

「妳平常使用的毒藥放在哪裡？」

威爾霍也不坐下來，開口就這樣問道。

「你……」威爾霍夫人的臉上立刻顯出驚恐的神色，「你說什麼，我根本聽不懂。」

「我在問妳，」威爾霍緊追不捨，「殺害桑・梅朗侯爵夫妻、巴洛瓦和芭蘭蒂的毒藥，藏在哪裡？」

「你在說什麼呀！」

「妳沒有權利發問，快回答！」

「我是在跟丈夫說話，還是在跟法官說話呢？」夫人拚命反擊。

「是在跟法官說話！別以爲妳那無恥的行爲做得很巧妙，全都瞞不過我的眼睛。」

「啊！」夫人用雙手覆住臉叫道，「請你不要從表面去判斷事情。」

「敢做敢當，不要當卑鄙的小人。」丈夫繼續斥責道，「妳既然可以設下那麼惡毒的計劃，巧妙進行，怎麼會沒有想到事情敗露後該怎麼處理，爲了免除刑罰，妳應該準備有更劇烈的毒藥的。」

夫人雙手撫胸，跪了下來，說道：

「刑罰？什麼刑罰？」

「別裝蒜了，殺了四個人，還想逃過刑罰嗎？不管你是誰的妻子，斷頭台永遠都在等著妳。妳這個檢察官的妻子所犯下的無恥罪行，將會玷辱家譽，使妳的丈夫和孩子在他人面前抬不起頭來。」

「我不會讓你們受辱的。」

「妳的想法眞了不起，我感謝妳。」

「感謝？我說了什麼了？」

說著，夫人站了起來，只見她頭髮蓬亂，嘴角積滿了白色的口沫。

「我的職責就是伸張正義，懲罰罪惡。如果是別的女人，即使對方是皇后妃子，我也會毫不猶豫的向死刑執行人下令，但是，我同情妳，所以我要對妳這樣說：『我知道妳手邊有毒性非常劇烈的藥。』」

「原諒我，請你看在夫妻的情義分上……爲了我們的孩子，啊！爲了孩子……。」

「少噁心！別忘了妳是殺人兇手。我回來的時候，如果良心的審判沒有進行，我就親自逮捕妳。」

聽到這樣罪不可赦的宣告，威爾霍夫人整個人幾乎癱瘓了，只有眼睛閃爍出異常晶亮的光芒。

「明白了吧？」檢察官再一次說道，「我現在就要出門判殺人犯死刑，我回來時要是妳還活著，那麼今天晚上妳就要去睡死刑犯監獄的石板地了。」

夫人發出一聲慘叫，倒在地毯上。

這兩、三個月以來，安德雷・卡波肯第一直是巴黎人茶餘飯後談話的主題，所以審判這天，早晨七點起，法院的鐵門外面，等著要旁聽的人，就已經排了一條長龍。

「審判開始，請大家肅靜坐好。」

法庭裡鴉雀無聲，法官和陪審員各就各位。檢察官威爾霍受到全場的注目，他戴著帽子，坐在扶手椅上，眼光慢慢環視周圍一圈。

「傳被告出庭！」法官說道。

所有的視線全都轉到進來的安德雷身上，他面無表情，顯得一點也不在乎。

到了卡波肯第被判刑的這一天，檢察官威爾霍的論辯嚴厲到了極點，看來被告卡波肯第顯然會被送上斷頭台，不過……。

起訴書宣讀完畢後，法官依照慣例，詢問被告的姓名，安德雷說他無法回答，法官又問：

「被告今年幾歲？」

「二十一歲。」

「在哪裡出生？」

「巴黎郊外的奧特伊。」

聽到這樣的回答，威爾霍不覺抬起頭來，看著安德雷。

「職業呢？」

「開始時是製造偽幣，接著是當小偷，最近則是殺人。」

法庭上升起了憤怒的聲浪，法官和陪審員也都楞住了，面面相覷，威爾霍用手按著額頭。

「可以告訴我們姓名了吧？」

「我不知道自己的姓名，不過，父親的名字倒是知道。」

「那麼，把你父親的名字說出來。」

法庭裡一片死寂。

「我父親現在擔任檢察官。」

安德雷毫不畏懼的說道。

「檢察官！」法官簡直不相信自己的耳朵。

「是的。既然要我說出名字，那麼我就說出來，我父親名叫威爾霍。」

法庭裡亂成一團，所有的人都在咒罵被告無恥、下流。在這陣喧嚷中，傳來了法官的聲音。

「被告想愚弄法庭嗎？」

「我可不敢，我是認眞的。」安德雷面帶微笑說，「我只是照實回答法官的問話而已。我無法奉告姓名，那是因爲我是被父母拋棄的孤兒。」

法庭裡寂靜得可怕。

威爾霍臉上的驚恐神色愈濃，被告似乎就愈具信心，他侃侃而談，說自己是在奧特伊楓丹街二十八號出生的。甚至連父親騙母親說自己一出生就死了，把自己抱到花園去活埋的事情也說了出來。隨後正如貝茲第歐對基度山伯爵所說過的那樣，他說一個要暗殺父親的科西嘉人救了自己，但是自己辜負了養母的慈愛，最後淪落爲殺人兇手。

法官很嚴肅的問道：

「被告的母親呢？」

「我母親以爲我已經死了，我母親是無罪的，我也不想知道母親姓什麼叫什麼，我根本不知道我母親是誰。」

這時候，法庭裡發出了一聲尖叫，隨後變成了啜泣，接著那個女人向法庭外奔了出去，覆在臉上的面紗被風掀開，原來是道格拉斯夫人。

「被告前面所陳述的，有確實的證據嗎？」法官問道。

安德雷發出勝利的微笑說：

「只要看看威爾霍的樣子，就可以知道我沒有說謊了。」

所有的人都望向檢察官，只見他頭髮蓬亂，搖搖晃晃的走到法庭中央。

「爸爸，我給你看證據吧！」安德雷窮追不捨。

「沒有必要。」威爾霍沈痛的說。

「沒有必要？」法官問道，「那是爲什麼？」

「那是因爲……。」威爾霍斷斷續續的說，「我再怎麼掙扎……也是逃不過復仇之神的手掌……不需要什麼證據……各位……這個青年所說的，全都是眞實的。」

「你說什麼？」法官驚訝得叫道，「你不是在做夢吧？你沒有發瘋吧？你冷靜點！」

檢察官搖搖頭。他那張臉，已經不像是活人的臉了。

威爾霍一離開法庭，立刻就跳進馬車裡躲起來，直奔自己的家，隨後馬上向妻子的寢室跑去，門鎖著，他大叫一聲：「葉洛伊絲！」用腳把門踢開，只見妻子站在寢室中央，臉色蒼白，全身痙攣，瞪視著他。

審判途中，卡波肯第爲自己的私生子的身分被揭發出來，威爾霍在法庭上幾乎神志錯亂，但也還是不得不承認這個事實。

「葉洛伊絲，妳怎麼了？」

「一切都已經結束了，你還要我怎麼樣呢？」

說著，夫人僵硬的雙手向前伸出，砰的一聲倒在地毯上。威爾霍彎下腰，想要把她扶起來，看到夫人胸口上有一個小玻璃瓶——夫人已經死了。

威爾霍連憤怒的力氣也沒有了，這個平素氣性高傲的男人，現在只想有人能夠在他身旁，聽他哭訴。於是他打開父親房間的門，只見父親正在跟布索尼神父交談。

「你在這裡？簡直就像死神似的，形影不離。」威爾霍再也抑制不住心中的不快，說道。

布索尼神父站了起來，凜冽的眼神直逼對方。

「顯然神已經讓你把欠我的債務清償了。」

「啊！」威爾霍臉上充滿了驚恐，害怕得向後退了數步。「這不是布索尼神父的聲音！」

「不錯！」神父脫下教士的假髮，把頭用力搖晃幾下，於是長長的頭髮立刻披到肩上，垂在冷峻的臉龐兩邊。

「噢！原來是基度山伯爵。」

「威爾霍，你再想想更早以前的名字。」

「不是布索尼神父，也不是基度山伯爵，那麼，你到底是誰？我有什麼地方對不起你？」

「請你想一想二十三年前，你跟桑・梅朗小姐訂婚的情景吧！你殺了我父親，奪走了我

過去的罪惡在法庭上被揭發出來的威爾霍，決定逃離巴黎。回到家裡時，發現妻子和兒子愛德蒙一起服毒自殺，屍體已經冰冷了。

那裡躺著威爾霍的妻子和孩子的屍體。「你總該息怒了吧？」

看到這樣恐怖的光景，就連基度山伯爵也不禁楞住了。但是下一瞬間，更可怕的事情發生了，只見突然變成瘋狂的威爾霍開始在屋內翻箱倒櫃，口裡喃喃說道：「我一定會找出來給你看，我沒有記錯，那個孩子確實就是埋在這裡。」

「艾德蒙・丹迪斯？那麼，你到這裡來一下。」檢察官拉住伯爵的袖子。「你看！」

「艾德蒙・丹迪斯！」

「啊！我知道了，我知道了！你就是……。」

的愛，把我活著送進惡魔島的黑牢。」

48 龐巴的菜單

基度山伯爵和好友告別後，帶著馬克西米離開巴黎，來到了故鄉馬賽，他對馬克西米說想去看看父親的墳墓，暫時和馬克西米分手。這半天的時間，伯爵打算追憶一下往事，於是坐上遊艇，向海上航去。

天氣非常晴朗，太陽把海平線染成了鮮紅色。回馬賽的漁船，以及開往科西嘉或西班牙的商船，有如海上飛翔的海鷗一般，露出潔白美麗的船身，慢慢駛去。伯爵裹緊大衣，回想自己在那恐怖的時刻墜進大海深處的情景，鮮明得有如昨天才發生似的。

自從七月革命以來，惡魔島已經沒有犯人，只有一隊取締走私的憲兵駐在那裡。伯爵請求管理員讓他參觀黑牢。王政復古當時的看守都已經不在了。

伯爵參觀了自己從前被關的黑牢，黑牢角落已經封閉，可以看出封閉的石塊還很新，那是法里亞神父所挖通的洞穴痕跡。

基度山伯爵覺得全身的力氣彷彿頓時流失了似的。

「聽說這個黑牢關過米拉波，另外還有沒有別的神奇傳說呢？」

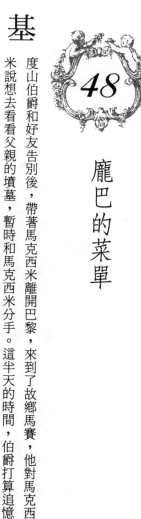

向費爾南和威爾霍復仇過後，基度山伯爵再度造訪已經不做牢獄使用的惡魔島，回顧自己的牢獄生活。

管理員回答說他從退休的看守那裡聽到過不可思議的故事。當時黑牢關了一個年輕囚犯和神父，神父腦筋有點不正常，年輕囚犯則毅力驚人，竟然挖通了兩間黑牢。

「有一天，神父突然死了，年輕囚犯就把屍體搬到自己的牢房裡，塞住通道，然後自己鑽進死人的袋子裡，這樣的主意簡直前所未聞，也就是年輕囚犯打算被埋進土裡後再從土裡逃出去。但是，惡魔島的規矩是在死人腳上繫上沈錘，再從斷崖上扔進海裡。可憐的年輕囚犯就那樣溺死了。」

基度山伯爵閉上了眼睛，現在他依然可以想起冰冷的裹屍袋觸撫在臉上的感覺。

「你也認爲那個年輕囚犯可憐嗎？」

「不管怎麼說，這樣的下場是令人同情的。我們走吧！」

「能不能讓我看看神父的牢房？」

「那是二十七號房。」

伯爵的眼睛在黑暗的牢房中也依然能夠辨明清楚，他首先看到的是神父刻在牆上，計算日數的痕跡。剛才在自己的牢房裡，伯爵覺得心痛如絞，但是在這裡，他內心裡充滿了懷念之情，不知不覺，淚水湧現出來。

「一個學者從石頭的顏色上判斷，神父和年輕囚犯利用通道，至少來往了十年。十年！多麼漫長的一段時間呀！」

伯爵掏出幾枚金幣送給管理員，管理員吃驚得幾乎跳了起來。

「這間牢房的牆壁裡，曾經找到神父做的繩梯和別的許多工具，都給來參觀的客人買走了，現在只剩下一捲寫著字的布。」

「請讓我看看。」

管理員跑去拿，伯爵恭恭敬敬的在神父臨終的床舖前跪下來。對他來說，這裡有如祭壇般神聖。

「先生，就是這個。」

管理員拿出那捲布，這正是神父花費畢生精力完成的大著作。伯爵深受感動，把布抱在懷裡，久久說不出話來。

正當基度山伯爵叫船駛向義大利，繞過莫爾吉岬角時，有一個人也乘著馬車，從佛羅倫斯向羅馬馳去。這個人身穿大禮服，胸前配掛榮譽勳位團勳章，在倫敦飯店用過上等佳餚，隨著嚮導來到湯姆遜公司，說自己是道格拉斯男爵。這個時候，尾隨男爵而來的人，站在會客室的角落跟銀行職員交談。

「貝比諾，你好像跟定了那個胖子，你知道他口袋裡的錢有多少嗎？」

「大概五、六百萬法郎吧！那是要換回基度山伯爵的收據的錢。」

「你怎麼知道得這樣清楚呢？」

「蛇有蛇路，鼠有鼠路，我吃這行飯，怎麼能弄不清楚呢？」

道格拉斯處理完事情，就在羅馬市內閒逛，第二天僱了一輛馬車，馳過安可納大道，準備前往威尼斯，但是才來到郊外天就黑了，馬車迷了路，四處亂轉，最後來到一個很像大洞窟的地方。

馬車停住時，有人大聲喊道：「下來！」隨後道格拉斯感覺被人揪住衣領，把他拖到洞口邊。

「我大概遭遇了羅馬著名的山賊……」

道格拉斯心裡想，嚇得雙腿發軟。

那天晚上，道格拉斯就在洞裡過了一夜，第二天早晨醒來，他向四周望了望，發現外面有人監視，九點、中午和傍晚五點，三班輪流。他們完全不把這隻「肥羊」看在眼裡，自顧自的在道格拉斯面前用餐。

到了傍晚，道格拉斯再也忍耐不住了，終於向把他帶來的貝比諾說：

「喂！能不能給我一點兒吃的呢？」

「你肚子已經餓了嗎？」

「已經整整二十四個小時，什麼也沒有吃了，請你做做好事吧！」

「沒有問題，只不過在這裡，不管什麼東西都是要用錢買的。」

「我當然會付錢。來點什麼好呢？啊！對了，來一隻雞吧！」

貝比諾宏亮的聲音喊道：

「給貴賓一隻雞！」

他的聲音還沒有消失，一個滿頭紅髮有如蛇一般垂在肩上的彪形大漢就用銀盤托著一隻雞出現了，貝比諾說道：

「對不起，請先付錢。」

「拿去吧！」道格拉斯擲出一路易金幣，貝比諾彎腰拾起說：

「訂金一路易，餘款四千九百九十九路易。」

「你說什麼？一隻雞要十萬法郎？開什麼玩笑！再給你一路易。」

道格拉斯又丟了一枚金幣，貝比諾做了一個手勢，那個彪形大漢就走了。道格拉斯恨得咬牙切齒，又忍耐了三十分鐘，那三十分鐘簡直就像一世紀那麼長似的，於是又喊貝比諾過來。

「喂！不能給我一點兒東西吃嗎？我已經頭昏眼花，快支持不住了。」

「你要什麼？」

「麵包，麵包就好，從來沒有聽過有那麼貴的雞，太離譜了。」

「來一塊麵包！」貝比諾叫道，一個上半身赤裸的年輕男子立刻送來了一小塊麵包。

「剛才已經收下兩路易，所以你再付四千九百九十八路易。一片麵包十萬法郎。」

「什麼？又是十萬法郎？我不要，我就死在這裡算了。」

「你想自殺嗎？還是付錢吃個飽吧！」

「我哪裡有錢？」

「別裝蒜了，你口袋裡就有五百零五萬法郎，可以吃五十隻十萬法郎的雞，五萬法郎的零頭，也可以買上半隻雞呢！」

道格拉斯忍不住全身哆嗦了起來。

「我要怎樣付錢？」

「那還不簡單，你開一張支付羅馬的湯姆遜公司四千九百九十八路易的支票就可以了。」

道格拉斯除了遵命行事之外，別無他法。

「這是你的雞。」

貝比諾把雞遞給他。十萬法郎的雞，看起來却是瘦得可憐。

道格拉斯就這樣備受愚弄，除了雞之外，他還喝了一瓶要兩萬五千法郎的葡萄酒，他請求貝比諾殺了他，貝比諾說頭目禁止索取他的性命。想自殺又沒有武器，想逃也沒有出路。

這樣的狀態持續了幾天，他的錢只剩下五萬法郎，精神恍惚，幾近崩潰。到了最後，他

山賊路易吉・龐巴捉到逃離巴黎的道格拉斯，將他幽禁在洞窟中。龐巴想出一個有趣的方法，要來懲罰有錢的道格拉斯。

已經不能說是人了，只不過是一具活屍體罷了。他在睡夢中大叫：「頭目！頭目！請讓我活下去！」龐巴回答道：

「我就在這裡，你已經受不了了嗎？」

道格拉斯跪在地上，五體伏地。

「——你該感到後悔了吧？」

另一道莊嚴的聲音傳了過來，聽到這聲音，道格拉斯嚇得全身寒毛倒豎。他拚命睜開視力模糊的雙眼，才終於看清龐巴的身後站著一個披著大衣的人，那個人把大衣丟在一旁。

「啊！基度山伯爵！」

道格拉斯想要靠過去。

「不！我不是基度山伯爵。」

「那麼，你是誰呢？」

「我是被你出賣、侮辱的人，你爲了追求自己的功名，不惜把我踐踏在腳下，你看清楚了吧？我是艾德蒙‧丹迪斯。」

「啊！艾德蒙……」道格拉斯只叫了一聲，就當場昏倒在地。

隨後馬車把他送了出去，天亮時，他發現自己站在一條小河邊，覺得口很渴，就屈身下去要掬水喝。這時候，他看到自己映在水上的倒影，竟然是滿頭白髮。

49 帆影遠颺

一艘遊艇在海面上緩緩駛去，船頭站著一個臉被太陽曬成褐色的高大青年，正睜大眼睛向前方張望，他看到圓錐形的小島愈來愈近，就用沈痛的聲音問道：

「這就是基度山島嗎？」

「是的，我們就要靠岸了。」

船長回答過後沒有幾分鐘，訊號槍就響了幾聲，遊艇降下帆，駛進一個小小的港口。

「歡迎……馬克西米。」

「啊！伯爵，你果然沒有爽約。」

馬克西米高興的雙手緊握住伯爵的手，然後兩人並肩在沙灘上向前走去。

「伯爵，你上次要我活到十月五日，今天就是十月五日了……」

「嗯，我知道。」伯爵回答道。

馬克西米配合伯爵的步伐走著，並沒有發覺自己走進了洞窟。不一會兒，他看到鋪在地上的地毯，燦爛的燈火，裝滿鮮花和水果的竹籠，以及幾座宏偉的大理石彫像，他這才知道自己來到了一個富麗豪華的房間裡。

「伯爵，」馬克西米說道，「你具有常人所不能及的非凡能力，我願意徹底相信你所說的事情，因爲只有相信你，才會有出現奇蹟的可能。我知道你曾經死過一次，所以我想請問你，死是很痛苦的嗎？」

「用尖刀刺進身體，或是用子彈射進血肉裡，怎麼會不痛苦呢？不過，死雖然是從我們肉體奪走靈魂的仇敵，有時候却也是安撫我們入睡的保姆。」

「我明白了。你會在大海中央的一座孤島和我見面，我知道這是因爲你愛我。在我呼喚著芭蘭蒂的名字死去時，你會握住我的手吧？」

「那當然。」

「謝謝伯爵。」

伯爵站起來，用繫著金鏈的鑰匙打開櫥櫃，拿出一個彫刻精美的小匣子，然後用金茶匙在小匣子裡挖了一點脂肪般的東西，遞給馬克西米。

「這就是你所要的東西。」伯爵說。

「衷心感謝伯爵。」馬克西米回答道。

這時候，阿里一言不發的送來煙草和水煙斗，斟好咖啡後又走了。馬克西米覺得油燈的亮光愈來愈黯淡，香爐發出來的香氣則燻得他全身酥軟，接著周圍的景物逐漸溶化，形體和

色彩都失去了

「伯爵，」他再一次說，「我正在死去，非常感謝你。」

微笑的伯爵身影，在馬克西米眼中越變越大，隨後他趴在扶手椅上，沉入甜蜜的昏睡裡。

門好像打開了，射進令人目眩的亮光，他看到一個貌如天仙的美女飄然走進。

基度山伯爵指了指躺在扶手椅上的馬克西米，於是美女向他走來。

「芭蘭蒂！芭蘭蒂！」

馬克西米在睡夢中大聲呼喚，但是口中卻一句話也說不出來。芭蘭蒂俯身看他。

「他在呼喚妳呢！」伯爵說，「妳託付終身的人，在睡夢中呼喚妳。死亡原本要拆散你們，幸好我在一旁，把死亡趕跑了。祝你們幸福！」

芭蘭蒂滿懷感激緊緊握住基度山伯爵的手親吻。

「衷心感謝伯爵，」芭蘭蒂說，「我的感謝是真是假，伯爵只要問問我最親愛的姊姊愛蒂就知道了，我們離開法國後，愛蒂每天都把伯爵的事情告訴我，才讓我有勇氣等到今天，獲得無比的幸福。」

「妳喜歡愛蒂嗎？」基度山伯爵感動極了，問道。

「是的，衷心喜歡。」

「那麼，芭蘭蒂，」伯爵說，「我有一件事要拜託妳……，請妳把愛蒂當做真正的親姊妹，妳跟馬克西米兩人，好好保護、照顧她，因為在這個世界，愛蒂就要變成孤獨無依了。」

「孤獨無依？」伯爵的背後傳來這樣的聲音，兩人回頭一看，只見愛蒂站在那裡，驚訝得彷彿凍僵了似的望著伯爵的臉。

「我還沒有告訴妳，不過，事實上妳已經自由了，」伯爵說，「我要把妳父親的財產送還給妳。」

愛蒂的臉色唰的變成了蒼白，她伸開雙手，彷彿在向神祈禱似的，聲音哽咽的說：

「難道你要離開我嗎？」

「愛蒂，妳年輕而又貌美，還是忘了我吧！這樣妳才會幸福的。」

「我明白了。」一說著，愛蒂後退一步，就要跑出去，芭蘭蒂慌忙拉住她。愛蒂說：

「伯爵是我的主人，我是伯爵的奴隸。伯爵有權利不了解我的心。」

伯爵聽了，全身忍不住微微顫抖起來。

「妳認為跟我在一起會幸福嗎？」

「因為有你，我才知道怎樣去熱愛快樂的人生。」

「如果我要離開妳——」

「那我只有死路一條。」

「妳愛我嗎？」

分手時，基度山伯爵想將愛蒂委託給芭蘭蒂照顧，但是愛蒂
已經深深愛上伯爵，拒絕和他別離。

「啊！我當然愛你！這個人世間最傑出、最優秀、最偉大的……」

「可憐的愛蒂，我就滿足妳的願望吧！我戰勝了敵人，但卻留下了悔恨，我本來準備要懲罰自己，可是，神原諒了我。愛蒂，由於妳的愛，讓我終於能夠忘記應該遺忘的事情了。」

愛蒂撲進伯爵懷裡，放聲大哭。

一個鐘頭後，馬克西米的心臟再度鼓動起來，視力也恢復了過來，完全清醒後，芭蘭蒂告訴他前不久基度山伯爵化身爲布索尼神父，給她服下假死的藥，然後再把她從裹屍袋裡抬出來，用玩偶代替屍體，所以她才能奇蹟似的死而復活。

第二天，這對情人在海灘上散步，把馬克西米送來島上的船長交給他一封伯爵的來信——

親愛的馬克西米，我已經爲你們準備好遊艇，船長會送你們到里維爾，諾華第耶老人在那裡等你們，他說要親自祝福你們。這個洞窟裡的一切，以及香榭麗舍大道的宅邸，全都是我送給你們的結婚賀禮。

馬克西米，爲了知道活著的快樂，每一個人都有必要死一次，祝你們幸福，最後我送給你們道盡人生哲理的一句話——

「人類的一切智慧只包含在這幾個字裡面：那就是『等待和希望』。」

基度山伯爵

你們的朋友　艾德蒙·丹迪斯

基度山伯爵贈送一艘遊艇給馬克西米和芭蘭蒂做結婚禮物，
要他們搭乘那艘船到義大利的里維爾去。

「伯爵到哪裡去了？請帶我們去伯爵那裡。」

船長指著遙遠的海平線說：

「伯爵就在那裡。」

在海天相連的藍線上，可以看到一葉宛如海鷗般的白帆。

「伯爵走了！」馬克西米叫了起來，「再見！我的朋友！我的父親！」

「什麼時候才能再見面呢……」

芭蘭蒂難過得哭了起來。

「芭蘭蒂，伯爵不是說了嗎？肯等待就會有希望——」

大仲馬年譜

一八〇二年　七月二十四日早晨五點鐘，誕生於威利爾・考德萊鎮（法國北部的一個市鎮），父為拿破崙手下一個陸軍少將，母為這市鎮上一家旅館主人的女兒。

一八〇六年　四歲　二月二十六日，父親去世（四十歲）。

一八一九年　一七歲　此時他與瑞典貴族亞道夫・杜路溫，結為至好。由杜路溫教以但丁、雪萊、歌德等的文學作品。

一八二一年　一九歲　觀賞托爾曼的戲劇，大為感動，因而也就動了自己也要執筆寫作戲劇的念頭。

一八二三年　二一歲　五月到巴黎，在波德・聖馬爾丹戲院，與沙魯爾・諾迪艾由相識而進奧爾利安公爵公館當書記（年俸一千五百法郎），結識瑪麗・克屈麗娜・羅貝。

一八二四年　二二歲　七月二十七日，瑪麗・克屈麗娜・羅貝生下仲馬・費斯（茶花女作者）來。是年路易十八世去世，其弟沙爾十世即位。

一八二五年　二三歲　九月二十二日《狩獵與戀愛》（*La Chasse et l'Amour*）一劇，在安畢久劇院上演。

一八二六年　二四歲　十一月二十一日，《婚禮與葬禮》（*La Noce et l'Enterrement*）一劇，在波德・聖馬爾丹劇院上演。

一八二七年　二五歲　結識梅拉妮・華德夫人。英國演員在巴黎演出莎士比亞的戲劇，以此爲契機，浪漫派戲劇運動開始在法國抬頭。

一八二九年　二七歲　二月十一日，《亨利三世及其宮廷》（*Henri III et sa Cour*）一劇，在法蘭西喜劇院上演。仲馬的名字，開始登上劇壇。

一八三〇年　二八歲　三月三十日，《克麗斯汀娜》（*Christine*）一劇上演，七月發生革命。此時他既與女星瑪莉・杜瓦爾親密交往，同時又與同爲女星的比爾・克萊史梅爾締結交情。

一八三一年　二九歲　五月三日，《安東尼》一劇上演，七月寫《理查德・達林頓》（*Richard Darlington*）。十月二十日，《沙爾七世及其大臣》（*Charles VII chez ses Grands Vassaux*）上演，此時與女星伊達・費利艾來往頗密。

一八三二年　三十歲　五月二十九日，大眾劇《奈爾塔》（*La Tour de Nesle*）上演。喜劇《寡婦的丈夫》（*Le Mari de la veuve*）上演。是年赴瑞士旅行。

一八三三年　三一歲　劇本《安琪兒》（*Angêle*）發表。

一八三六年　三四歲　劇本《秩序與天才》（*Kean, ou Desordre et Gênie*）發表。八月一日，母去世。

一八三九年　三七歲　與納爾華合作的劇本《鍊金術師》（*L'Alchimiste*）發表。喜劇《比利爾小姐》（*Mme de Belle-Isle*）發表。

一八四〇年　三八歲　二月一日，與伊達・費利艾正式結婚。證婚人爲夏特普林昂、威爾曼等。

一八四二年　四十歲　《斯畢勞那曼》（*La Speronare*，意爲馬爾他島的船的旅行記），《考利考勞》（*Le Corricolo*，意爲拿坡里雙人二輪車的旅行記）等發表。

一八四三年　四一歲　在雨果於一八四一年進入法蘭西學術院的刺激下，開始作進入學術院去的活動，結果失敗。

一八四四年　四二歲　《三劍客》（*Les Trois Mousquetaires*）發表。從這年起到次年間，發表《蒙德・克利斯特伯爵》（中譯《基度山恩仇記》）（*Le Comte de Monte-Cristo*）。十月十五日，與伊達・費利艾正式離婚。其子亞歷山大，和成爲《茶花女》一書中主角的妓女瑪麗・狄波莉西施，親密交往。

一八四五年　四三歲　發表《二十年後》(*Vingt ans après*) 一書。另發表《瑪歌皇后》(*La Reine Margot*)、《紅樓騎士》(*Le Chevalier de Maison-Rouge*)、《女人的戰爭》(*La Guerre des femmes*) 等三作品。因為仲馬接連不斷的發表好多長篇小說，密戈爾就把仲馬稱為「亞歷山大・仲馬小說製造公司」。

一八四六年　四四歲　發表《蒙蘇勞夫人》(*La Dame de Monsoreau*)。也發表了《兩個狄耶納》一書。從這年到一八四八年間，發表《一個醫師的回憶錄：約瑟夫・巴爾沙模》(*Mémoire d'un Médecin; Joseph Balsamo*)。十月和兒子一起旅行西班牙。

一八四七年　四五歲　一月，從阿爾及利亞回國。二月，瑪麗・狄波莉西施去世。為了慶祝仲馬所興建的「歷史劇院」落成，上演把小說改寫成戲劇的《紅樓騎士》與《瑪歌皇后》。

一八四八年　四六歲　二月七日，上演戲劇化了的《蒙德・克利斯特伯爵》。二月二十三日，二月革命爆發。命名為「蒙德・克利斯特」的新居落成，邀集很多親友，舉行落成慶祝典禮。西班牙與阿爾及利亞的旅行記：《從巴黎到卡狄斯》(*De Paris et Cadix*)、《丹傑爾、阿爾及、突尼斯》(*Le véloce,* ou Tanger, Alger et Tunis）、《四十五個貼身衛隊》（Les quarante-cinq）等作品先後發表。從這一年到一八五〇年間，又發表《十年後》（Dix ans plus tard），《白拉健郎奈子爵》（《鐵面具》Le Vicomte de Bragelonne）等作品。其子仲馬・費斯發表《茶花女》一躍而走紅文壇。

一八四九年　四七歲　發表戲曲《艾爾曼伯爵》（Le Comte d'Herman）、《一女人》（Le Roman d'une femme）、《路易十五》（Louis XV）等。

一八五〇年　四八歲　發表《黑色鬱金香》（La Tulipe noire）。從這年到一八五一年間，發表《路易十六》（Louis XVI）。八月十八日巴爾札克去世。八月二十一日參加葬禮。

一八五一年　四九歲　自從這年到一八五二年間，完成《九十三年的戲劇》（Le Drame de 93）。十二月二日，路易・拿破崙發動政變，逃往比利時。

一八五二年　五十歲　發表《天使彼得》（Ange Pitou）。又發表《荷蘭的克利烏》（Olympe de Clèves）。十二月二日，路易・拿破崙即帝位，稱拿破崙三世。

一八五三年　五一歲　從這年到一八五五年間，《沙爾尼伯爵夫人》（La Comtesse de Charny）一書問世。

一八五四年　五二歲　發表《回憶錄》（*Mes mémoires*）。從這年到一八五五年間，斷續完成《巴黎的模希康族》（*Les Mohicans de Paris*）以及《摩納哥公爵夫人的一生與戀愛》（*Vie et Aventures de la Princesse de Monaco*）等兩書。

一八五五年　五三歲　發表《沙奧槐公爵的治民》（*Le Page du Duc de Savoie*）一書。

一八五六年　五四歲　從這年到一八五七年間，《狄芳夫人》（*Mme de Deffand*）一書完成行世。

一八五八年　五六歲　爲了著作權問題，與馬凱纏訟連年，此時以馬凱敗訴結案。到俄國去旅行，訪問彼德堡與高加索。他兒子仲馬・費斯發表《私生子》一書。

一八五九年　五七歲　三月十一日，伊達・費利艾去世。到地中海去旅行。《馬希克的狼》（*Les Louves de Machecoul*）一書出版行世。

一八六〇年　五八歲　五月，義大利的茄利巴蒂，率領一支一千人的隊伍，在西其利亞登陸，開始義大利統一運動，仲馬也響應。爲了要寫見聞錄，特準備好一艘「艾瑪」號戰艦，前往義大利。

一八六二年　六十歲　十月，離開拿坡里，返回法國。

一八六五年　六三歲　《拉・聖佛利斯》（*La San-Felice*，指拿破崙的波旁皇朝）發表。

一八六六年　六四歲　離開巴黎，在拿坡里、費倫滋、德意志、奧地利等地旅行。
一八六八年　六六歲　《我的動物記》（*Histoire de mes bêtes*）發表。《戲劇生活回顧》（*Souvenirs dramatiques*）一書，亦於這年出版。
一八六九年　六七歲　夏天在布爾泰紐地方旅行。
一八七〇年　六八歲　七月十九日，法蘭西向普魯士宣戰，普法戰爭開始。身體已經衰弱不堪的仲馬，從法國南部回到兒子身邊。世人稱此爲「浪蕩子回家」。十二月五日夜十時逝世。

新潮文庫

⊙小說欣賞系列

新潮文庫

228	老人與海	海明威著
237	魔　沼	喬治桑著
238	二重奏	葛蕾德著
239	颱　風（4個中長篇）	康拉德著
240	美國短篇小說欣賞（20個短篇）	霍桑等著
241	蝴蝶與坦克（14個短篇）	海明威著
242	尼克的故事（海明威由少年至壯年的故事）	海明威著
243	莫里哀故事集（9篇戲劇）	莫里哀著
252	三個故事及十一月（4個中長篇）	福樓貝著
253	馬克吐溫短篇精選（25個短篇）	馬克吐溫著
257	密西西比河上的生活	馬克吐溫著
264	枯葉的故事（17個短篇）	愛羅先珂著
265	異鄉人	卡　繆著
267	伊爾的美神（8個短篇）	梅里美著
269	莫泊桑短篇全集之一（20個短篇）	莫泊桑著
272	餓	克努特・哈姆孫著
273	拉曼邱的戀愛	畢爾・邏逖著
275	史坦貝克小說傑作選（14個短篇）	史坦貝克著
276	莫泊桑短篇全集之二（40個短篇）	莫泊桑著
282	索忍尼辛短篇傑作集	索忍尼辛著
283	荷馬史詩的故事（伊利亞特、奧德賽的故事）	荷　馬著
294	莫泊桑短篇全集之三（38個短篇）	莫泊桑著
297	百年孤寂	馬奎斯著
302	流浪者之歌（悉達求道記）	赫　塞著
309	三島由紀夫短篇傑作集	三島由紀夫著
310	伊豆的舞孃（15個短篇）	川端康成著
311	契訶夫短篇小說選（23個短篇）	契訶夫著
312	莫泊桑短篇全集之四（34個短篇）	莫泊桑著
315	最後理想國（烏托邦小說）	石川達三著
316	印度現代小說選（15個短篇）	泰戈爾等14位著
322	豪華大旅館	克羅德・西蒙著
323	五號街夕霧樓	水上勉著
326	安妮的日記	安妮・法蘭克著
328	雪　鄉	川端康成著
239	千羽鶴	川端康成著
330	古　都	川端康成著
338	歐亨利短篇傑作選（之一）	歐亨利著
342	茵夢湖・遲開的玫瑰（6個中短篇）	施托姆著

⊙名人、偉人傳記

國家圖書館出版品預行編目資料

基度山恩仇記／大仲馬著；齊霞飛譯·--初版·--臺北市：志文，1996〔民85〕
面；　公分·--（新潮文庫；377）
譯自：Le comte de monte：Cristo
ISBN 957-545-627-0（平裝）

876.57　　　　85006877

新潮文庫377

基度山恩仇記

原著者　大仲馬
譯者　齊霞飛
初版　1996年8月
再版　1999年4月

定價200元

發行人　張清吉
出版者　志文出版社
地址　台北市中山北路7段82巷10弄2號
郵政劃撥　0006163-8號
電話　28719141·28730622　傳眞　28719151
行政院新聞局登記證局版臺業字第0950號
印刷所　大誠印刷廠
法律顧問　蕭雄淋律師